AF500362

DIALOGUES
SOCRATIQUES,
OU
INSTRUCTIONS
SUR DIVERS SUJETS
De Morale.

M. DCC. LIV.

AVERTISSEMENT.

Ces Dialogues ont été composés pour l'instruction de S. A. S. le Prince Héréditaire de Saxe-Gotha, *dans le tems qu'étudiant l'Histoire, il en étoit à la vie de Socrate.*

On s'y est proposé un double but; on a voulu donner au Prince des exemples de la maniere dont ce Philosophe instruisoit par des conversations familieres;

prenant occaſion de tout ce qui s'offroit à lui, pour élever peu à peu l'eſprit à des réfléxions importantes ; & l'on a tâché de faire ſervir ces mêmes exemples d'inſtruire le Prince ſur divers ſujets de Morale.

Les Interlocuteurs qu'on a choiſis ſont Socrate, & Evagoras Prince de Salamine en Chypre, qu'on ſuppoſe être allé jeune à Athénes pour y faire ſes études.

Au reſte ce Dialogue, & ceux qui ſuivront, ſerviront en mê-

me tems à faire connoître dans quel goût on enseigne l'Histoire au Prince. Dans l'Histoire ancienne, on dirige tout au but moral. Au lieu de lui charger la mémoire de noms, de menus faits & de dattes, on se contente de lui montrer la chaine des principaux événemens; on s'arrête sur-tout à la vie des Hommes Illustres, & on lui en fait le portrait; après quoi il en juge lui-même, aprouvant ou blâmant telle ou telle action,

& rendant raiſon de ſon jugement, ce qui ſert à lui former tout à la fois l'eſprit & le cœur. Les exemples inſtruiſent mieux que les préceptes, parce qu'ils ſont plus frapans, qu'ils s'impriment mieux dans la mèmoire & qu'ils amuſent davantage.

Après que le Prince aura parcouru de cette maniere l'Hiſtoire ancienne, il s'apliquera ſelon la méme méthode à l'Hiſtoire moderne, avec cette diffé-

rence

rence qu'étant alors plus avancé en âge, & parcourant des événemens qui ont plus de liaison avec les affaires de notre tems, il joindra la partie politique à la partie morale. Ainsi il apprendra, non-seulement quels sont les exemples qu'il faut imiter pour se former à la vertu, & quelles bénédictions attire sur soi un Prince religieux; mais il observera aussi quelles sont les diverses formes de Gouvernement, par quels moyens on peut faire fleurir un Etat, comment il faut s'accommoder à leur différente Conſtitution ; quelles ſont les fautes commiſes par tels & tels Princes, dans le Gouvernement ; le ſort bien différent qu'ont eû les Souverains chéris de leur Peuple, & ceux qui s'en ſont fait haïr. En un mot on lui preſente l'Hiſtoire comme un tableau inſtructif ; & par les exemples joints au raiſonnement, on travaille à former en lui l'honnête-Homme, le Chrétien, le Fils, l'Ami, l'Epoux, le Pere & le Souverain.

I. DIALOGUE

Des devoirs de l'homme & du Prince.

SOCRATE.

PEut-on vous demander *Evagoras*, ce que vous regardiez avant-hier si attentivement, dans ce grand Jardin, qui est sur le chemin du Pyrée?

EVAGORAS.

Quoi, vous y étiez aussi *Socrate*? Je suis faché de ne vous avoir point apperçu; j'aurois bientôt quitté ce que je regardois, pour vous aller joindre.

SOCRATE.

SOCRATE.

Je reconnois-là votre politesse & votre amitié : mais que je sache pourtant ce que vous auriez quitté pour moi.

EVAGORAS.

La préférence n'est pas flateuse ; ce n'étoit qu'un Paon que je regardois.

SOCRATE.

Un Paon ! vous me parlez-là du plus bel oiseau qu'il y ait dans la Nature, & je vous sai gré, en vérité, de vous être sitôt décidé pour moi.

EVAGORAS.

Il est vrai, que rien n'est plus beau que toute la figure de cet oiseau : son port & sa démarche ont quelque chose de noble & de majes-

majeſtueux ; ſon plumage d'un fond verd eſt diverſifié de plu-ſieurs nuances ; ſon coû eſt d'un bleu changeant ; en ſorte qu'à chaque mouvement qu'il fait, ſur-tout aux rayons du ſoleil, on y voit briller les plus belles cou-leurs, l'or, l'azur & le pourpre ; ſa tête eſt ornée d'une aigrette, ou d'un panache, qui efface aſ-ſurément le Diadéme du grand Roi (1). Et pour ſa queuë, tou-te parſemée des yeux d'Argus, à ce que dit la Fable, il faut avouër que quand il l'étale, & qu'il en fait comme un éven-tail, on ne vit jamais d'étoffe ſi magnifique.

SOCRATE.

(1) C'eſt ainſi qu'on appelloit le Roi de Perſe.

SOCRATE.

Vous dépeignez fort bien les beautés de cet oiseau ; mais vous ne me dites rien de son chant.

EVAGORAS.

Oh ! pour le chant n'en parlons pas, il ne repond pas à tout le reste : ce n'est qu'un vilain cri glapissant, qui choque l'oreille.

SOCRATE.

Vous voyez que toutes les perfections ne se rencontrent pas ensemble : la nature a sû mettre partout de justes compensations. Mais vous accommoderiez-vous mieux d'un Cigne ?

EVAGORAS.

Oui, s'il étoit vrai qu'il eût un chant mélodieux, comme le disent les Poëtes : j'ai souvent eu

occasion

occasion d'admirer sa blancheur éclatante, & cet air noble & aisé, dont il porte la tête en flottant sur l'eau; mais je n'ai jamais eu le bonheur de l'entendre chanter.

SOCRATE.

Ce n'est pas la premiere fois que les imaginations Poëtiques s'éloignent de la nature & de la vérité. Vous aimeriez donc mieux un oiseau qui chante?

EVAGORAS.

Oui, sans comparaison. Car quoiqu'on soit d'abord frappé d'une belle figure & d'un beau plumage, il faut avouer qu'on s'en lasse bientôt: l'a-t-on vu un quart d'heure? tout est vû; on s'ennuyeroit à le regarder plus long-tems; & si par malheur le

Paon

Paon s'avise d'ouvrir le bec, il y a dequoi s'enfuir; on lui diroit volontiers laissez-vous voir, mais taisez-vous, au lieu que j'ai un Serin au logis. . . . . . .

SOCRATE.

Eh bien, votre Serin vous amuse d'avantage?

EVAGORAS.

Beaucoup plus. Il vous amuseroit vous-même, *Socrate*, si vous l'écoutiez. En vérité, il est charmant. C'est un ramage, ce sont des tons, des ports de voix, des airs si variés & si agréables, que chaque jour c'est un nouveau plaisir.

SOCRATE.

Dites-moi, mon cher *Evagore*, s'il se presentoit à vous un homme

chose bien triste, que de passer sa vie avec lui.

SOCRATE.

Puisque vous vous arrêtez si peu à l'exterieur, qu'est-ce donc qu'il faut pour vous plaire?

EVAGORAS.

Ce que je trouve en vous, *Socrate.* Vous ne vous piquez pas de beauté, & vous êtes le premier à badiner sur ce que la nature ne vous a pas trop bien traité de ce côté-là : cependant tout le monde vous recherche ; vous parlez de tout si savament, que l'on voudroit passer des jours entiers avec vous ; au lieu qu'à peine peut-on suporter une heure, la présence d'un sot & d'un ignorant, quelque beau & bien

paré

paré qu'il puiſſe être. Quelle diférence ! excuſez la comparaiſon, mais il me ſemble que c'eſt comme le Paon & le Serin.

SOCRATE.

Ne me faites point d'excuſe : la comparaiſon eſt juſte, & dans le ſens que vous la prenez, elle me fait honneur. Permettez-moi ſeulement de remarquer que vous n'êtes pas tout-à fait d'accord avec vous-même.

EVAGORAS.

Il ſe peut que ma légéreté m'ait joué ce tour-là. Heureuſement vous êtes ici pour me redreſſer : quelle eſt donc cette contradiction que vous me reprochez ?

SOCRATE.

Quand je vous ai abordé, vous m'avez d'abord fait l'éloge du Paon, en décrivant sa beauté avec une sorte d'admiration ; cependant, bientôt après, vous avez fort maltraité, fort méprisé les hommes qui lui ressemblent. Est-ce là tenir la balance égale ? Il falloit aussi louer ces gens-là jusqu'à un certain point, en ajoutant qu'il leur manque pourtant quelque agrément du côté de l'esprit & du langage.

EVAGORAS.

Oh ! pour le coup, *Socrate*, je ne crois pas avoir tort. Est-ce donc que l'on doit louër un homme par les mêmes qualités qu'un animal ? & ce qui est un éloge

pour

pour l'un, l'eſt-il auſſi pour l'autre ? Il me ſemble en vérité, qu'un homme doit ſe diſtinguer par d'autres endroits.

SOCRATE.

Et par quels endroits, je vous prie ?

EVAGORAS.

Par des choſes qui conviennent à l'homme.

SOCRATE.

Eſt-ce, par exemple, par la légéreté à la courſe, ou par l'exercice de la chaſſe ?

EVAGORAS.

Non car les animaux nous ſurpaſſent de ce côté-la ; nous ne courrons jamais ſi bien qu'un Cerf, & nous ne chaſſerons jamais mieux qu'un Epervier.

SOCRATE.

Vous faites ſans - doute bien plus de cas d'un habile Luteur, tel que Milon, qui fait à préſent tant de bruit ?

EVAGORAS.

C'eſt une qualité qui vaut ſon prix, mais pourtant....

SOCRATE.

Quoi, pourtant ? Vous n'admirez pas qu'on puiſſe porter un bœuf ſur ſes épaules ?

EVAGORAS.

Me permettez-vous de le dire ? Il me ſemble qu'en ce cas-là, il y a peu de différence entre le fardeau & celui qui le porte.

SOCRATE.

Vous avez raiſon ; je vois bien que c'eſt par les qualités de l'eſprit

prit que vous voulez qu'on louë les hommes. Sur ce pié-là un Astronome & un Poëte sont bien à vos yeux des gens de mérite ?

EVAGORAS.

Attendez il y a en cela quelque chose de vrai ; cependant je ne voudrois pas encore prononcer. Il me semble que l'idée de l'homme de mérite emporte quelque chose de plus.

SOCRATE.

Voulez-vous dire qu'il y a des qualités plus nécessaires que celles-là, pour composer un homme de mérite ?

EVAGORAS.

Oui, car il y a bien des gens de mérite, qui ne sont ni Astronomes, ni Poëtes ; & il y a au

contraire

contraire de ſavans Aſtronomes & de grands Poëtes, dont la perſonne eſt peu eſtimée.

SOCRATE.

Il faut donc qu'il y ait d'autres qualités plus eſſentielles à l'homme; eſſayons de les trouver. Pour cela il n'y a qu'à voir de quoi l'on ne ſauroit ſe paſſer. Croyez-vous, par exemple, que l'on pût ſe paſſer de bien raiſonner?

EVAGORAS.

Non, car à quoi que l'on s'applique, il faut raiſonner juſte. Cela eſt néceſſaire dans toutes ſortes d'affaires, & à tous les momens de la vie. Sans la raiſon, nous ne ſerions pas au deſſus des bêtes bruttes.

SOCRA-

SOCRATE.

Peut-on bien raisonner, quand on est tout-à-fait ignorant ?

EVAGORAS.

Non, si l'on n'entendoit pas les matieres dont on raisonne, on se méprendroit continuellement. Ne vous ai-je pas ouï dire que raisonner, c'est comparer des idées ? Or on ne sauroit faire cette comparaison, si l'on n'a pas un assez grand nombre d'idées dans l'esprit.

SOCRATE.

Vous croyez donc que l'usage de la raison exige que l'on ait quelques connoissances & quelque science ?

EVAGORAS.

Il me paroît que cela est aussi

nécessaire, que l'étoffe l'est à un Tailleur pour travailler.

SOCRATE.

Suposé qu'un homme sût bien des choses, & qu'il en raisonnât pertinemment, mais que ce fut un homme sans Religion & sans mœurs, l'apelleriez-vous un homme de merite ?

EVAGORAS.

Bien loin de là, je le regarderois comme d'autant plus méprisable, qu'il se démentiroit lui-même, en ne se servant pas de son esprit pour se rendre meilleur.

SOCRATE.

Vous convenez donc que la Piété, la Droiture, la Bonté, la Modestie, sont des qualités nécessaires à l'homme ?

EVA-

EVAGORAS.

Certainement : Que seroit-ce qu'un homme injuste, violent, dissolu, & hautain ? dans quel trouble ne vivroit-il point ? que de maux ne causeroit-il pas dans le monde ? de qui seroit-il aimé ? il seroit abhorré des Dieux & des hommes.

SOCRATE.

J'aime à vous voir parler avec feu sur cet article : c'est la marque d'un cœur noble & bien fait. Mais, souffrez que je vous mene un peu plus loin. Nous avons trouvé qu'un raisonnement juste, une certaine mesure de connoissances générales, & les bonnes mœurs, sont des qualités essentielles à l'homme, sans quoi il ſeroit très-mépriſable & très-malheureux. Mais croiriez-vous qu'un Peintre, par exemple, dût ſe contenter de ce que vous venez de dire ?

EVAGORAS.

Il me ſemble que dès qu'il a embraſſé cette profeſſion, il doit tâcher d'y exceller.

SOCRATE.

Vous croyez donc qu'outre le mérite eſſentiel à tout homme, il y a un mérite particulier qui convient à chaque condition ?

EVAGORAS.

C'eſt juſtement ce que j'entendois. On a bien raiſon de dire, que vous aidez les gens à penſer.

SOCRATE.

Ainſi pour juger du mérite d'un

d'un homme, quelles queſtions lui feriez-vous, & à quels points croiriez-vous qu'il faudroit s'arrêter ? Faudroit-il ſimplement ſavoir s'il a les qualités communes d'un honnête homme, d'un homme de bon ſens, ou s'il a auſſi les qualités propres à ſon état ou à ſon emploi.

EVAGORAS.

Il me ſemble qu'on ne doit point ſéparer ces deux choſes. Ainſi après avoir demandé d'un tel homme, fait-il quelque choſe ? Eſt-il raiſonnable ? Eſt-il intégre ? Je demanderois encore, a-t-il les qualités particulierement néceſſaires à ſa profeſſion ? Ce Capitaine eſt-il brave ? Ce Docteur eſt-il ſavant ? Ce Vieillard eſt-il prudent ? Cette Mere a-t-elle ſoin de ſa famille ?

SOCRATE.

C'eſt fort bien raiſonner. Mais, dites-moi, je vous prie, la condition de Prince eſt-elle un Emploi ou une Profeſſion qui exige auſſi des qualités particuliéres ?

EVAGORAS.

Oui, ſans doute, le propre du Prince eſt de bien gouverner.

SOCRATE.

Et qu'entendez-vous par bien gouverner ?

EVAGORAS.

C'eſt faire que tout un Peuple ſoit tranquille & heureux.

SOCRATE.

Et que doit faire pour cela un Prince ?

EVA-

EVAGORAS.

Il doit établir de bonnes Loix & les faire obſerver, en puniſſant les coupables, en protégeant les innocens, & en récompenſant le mérite : Il doit porter ſes ſujets à être religieux, ſobres, laborieux, pacifiques ; & leur aprendre pourtant à ſe défendre vaillamment contre d'injuſtes agreſſeurs. Il doit faire fleurir l'Agriculture & les autres Arts, il doit maintenir l'ordre public ; il doit veiller ſur toutes les familles, & ſur tous les Corps de l'Etat afin d'obliger chacun à remplir ſon devoir.

SOCRATE.

On ne peut pas mieux expliquer les obligations d'un Souverain, & je vous louë d'y avoir ſi bien réfléchi à votre âge ; cela eſt d'un très-bon augure. Vous ne croyez donc pas qu'un Prince doive ſe contenter d'un mérite commun ?

EVAGORAS.

Un mérite commun convient à une condition commune. Mais je comprens bien qu'un Prince doit aſpirer plus haut : puiſqu'il a une plus grande tâche à remplir, il devroit être autant ſupérieur aux autres, en vertu & en lumiéres, qu'il l'eſt par ſon rang & par ſa dignité.

SOCRATE.

Souvenez-vous bien, Evagore, des grandes vérités que vous venez de dire. Mais, pour

y

y parvenir, suffit-il de le souhaiter, & d'en avoir l'intention?

EVAGORAS.

C'est déja beaucoup, ce me semble, que de le vouloir; car je vous ai ouï dire, que quand on veut fortement les choses, on est en bon train d'y réussir. Il est cependant vrai, qu'avec les meilleures intentions du monde, on pourroit se méprendre, faute de capacité. Voilà l'embarras. Mais afin de vous faire des questions à mon tour, dites-moi, Socrate, comment on peut acquerir cette capacité?

SOCRATE.

On l'acquiert par les leçons des habiles Maîtres, quand on y apporte de l'attention & de la docilité. On a auſſi les ſecours des Livres choiſis, qui ſont une grande Ecole. Mais je vous avertis qu'il n'y a rien de plus propre à former le cœur & le jugement, que les bons exemples, les bonnes converſations, & la bonne ſociété. C'eſt-là une inſtruction continuelle & imperceptible, qui ne manque preſque jamais de produire ſon effet. Mais ce chapitre nous méneroit trop loin, ſi nous voulions l'entamer. En voila aſſez pour aujourd'hui, & je m'apperçois que l'heure vous invite à vous retirer.

EVAGORAS.

C'eſt bien à préſent, *Socrate*, que je dois vous demander pardon de ma comparaiſon du Serrin

rin. Je ne pensois d'abord qu'à l'agrément de votre conversation, & je vois que tout y est utile & instructif.

II. DIALOGUE.

Sur la nécessité & le plaisir qu'il y a de tourner ses pensées vers Dieu.

SOCRATE.

QUE lisez-vous, mon cher Evagoras ?

EVAGORAS.

Je lis une Relation assez singuliere, que je ne sais s'il faut traiter d'Histoire ou de Fable.

SOCRATE.

De qui vient-elle ?

EVAGORAS.

Je l'ai trouvée en me promenant; quelqu'un l'aura sans doute laissé

laissé tomber de sa poche. J'ai commencé à la lire, sans en comprendre encore le but. Voulez-vous que j'en reprenne la lecture avec vous, Socrate, & vous m'en direz votre sentiment ?

SOCRATE.

Volontiers, mais pour cela il faut nous asseoir un peu à l'écart. Voilà un bel arbre qui s'offre tout à propos : commencez.

EVAGORAS LIT.

» Un Jeune homme, nommé » *Philothée*, étoit élevé dans un » Bourg de l'Empire, sans con- » noître ses parens. Sa curiosité » croissant à mesure qu'il gran- » dissoit, il apprit enfin, à force » de questions, qu'un accident » l'avoit jetté sur le rivage avec

» une

» une Nourrice qui ne vivoit plus,
» que ſon Pere étoit d'un rang
» illuſtre, & ſe nommoit *Ura-*
» *nius* ; mais qu'on ne ſavoit ni
» de quel lieu il étoit, ni s'il vi-
» voit encore. On lui remit en
» même tems un bracelet d'or,
» trouvé dans ſon berceau, où
» avec le nom d'Uranius, il lut
» ces deux mots : *Penſe & cher-*
» *che* Cette découverte ne fai-
» ſant qu'enflammer le déſir qu'il
» avoit d'approfondir ſon origi-
» ne, il ſe déroba un ſoir avec
» *Euphron*, qui voulut bien être
» le compagnon de ſes avantures,
» & il alla s'embarquer ſur un
» Vaiſſeau Corcyréen, qui le me-
» na droit à Corinthe. Après y
» avoir fait d'inutiles perquiſi-
» tions,

» tions, il résolut de parcourir » toutes les Villes & tous les » Ports de la Gréce. Une année » entiére se passa dans cette re- » cherche. Arrivé dans la Pho- » cide, il ne manqua pas d'aller » consulter l'Oracle de Delphes, » qui lui répondit qu'il trouveroit » ce qu'il cherchoit dans un Païs » dont les habitans sont freres. » Cette réponse étant trop vague » pour lui donner quelque lu- » miere, il essaya encore de tra- » verser la Mer Egée, & de par- » courir les côtes de l'Asie. Mais » il n'y trouva ni son Pere Ura- » nius, ni la fraternité dont avoit » parlé l'Oracle; il ne voyoit au » contraire par-tout que des gens » divisés par l'intérêt, envieux,

» malins,

» malins & toujours prêts à se
» nuire. Oh, que ceci est diffé-
» rent des lieux que je cherche!
» disoit Philothée. Pour ne rien
» négliger, il lui prit envie d'al-
» ler encore visiter la Thrace, où
» l'on trouvoit quelques restes
» des Loix & des instructions du
» sage Orphée. Il monta pour
» cet effet sur un Vaisseau qui
» faisoit route vers le Bosphore.
» Mais à peine entroit-il dans le
» Détroit, qu'un furieux vent de
» midi les empêchant de prendre
» terre, poussa leur navire bien
» avant dans le Pont-Euxin, &
» le fit échouer sur un banc de
» sable, non loin de la premiére
» bouche du Danube. Chacun
» dans ce désastre cherchant à se

» sauver,

» ſauver, nos deux Voyageurs fu-
» rent des plus heureux : car s'é-
» tant ſaiſis chacun d'une plan-
» che & de quelques proviſions,
» ils ſe laiſſérent aller aux flots,
» qui, dans cinq ou ſix heures
» les jettérent ſur un beau rivage.
» Après s'être eſſuyés au Soleil, &
» avoir rendu graces aux Dieux,
» leur premier ſoin fut de dé-
» couvrir ſi cette terre étoit ha-
» bitée. Elle en avoit l'apparen-
» ce par un air de culture dans
» la campagne, & par quelques
» ſentiers qu'on apercevoit. Mais
» Euphron ſoutint que ces indices
» ne prouvoient encore rien, &
» que ce pouvoit être un jeu du
» hazard ou de la nature. Allons
» donc plus avant, dit Philothée;

» que

» que vois-je ? des triangles & » des figures de Géométrie tra- » cées sur le sable ! Pour le coup » vous ne douterez pas que ce » soient des pas d'homme. J'en » conviens, dit Euphron, d'au- » tant plus que je commence » à voir à notre gauche des » champs labourés, & à droite » un Bois percé d'allées. Re- » gardez aussi ce coteau chargé » de vignes, dont les pampres » sont relevés sur des ormeaux ; » voyez dans l'enfoncement du » Vallon ces prairies artistement » arrosées, & au dessus un ver- » ger qui ne le cede point à ce- » lui d'Alcinoüs. Tout marque » ici l'abondance & l'industrie ; » mais je ne vois point encore

 » de

» de maiſon. Avancez, dit Phi-
» lothée, & vous découvrirez à
» travers ces arbres quelques ca-
» banes, au milieu deſquelles s'é-
» 'eve un bâtiment antique ; on
» 'e p endroit pour un Temple.
» Quel air de grandeur, & en
» même tems quelle ſimplicité !

» Tandis qu'ils parloient ainſi,
» ils virent une troupe de Ber-
» gers qui s'avançoient en dan-
» ſant & chantant un hymne, la
» tête couronnée de fleurs, & avec
» cet air d'allegreſſe & d'union
» qui annonce des gens heureux.
» Aprenez-nous, dit Euphron à
» l'un d'entr'eux, comment ſe
» nomme ce riant ſéjour, où tout
» reſpire une joye innocente ? O
» Etrangers, qui que vous ſoyez,
» répondit

» répondit le plus âgé d'entr'eux, » vous voyez ici le pays d'*Adelphie*, où l'on vit tous comme » freres, & d'où *Lycurgue* même » a tiré ses meilleures Loix. C'est » aujourd'hui la fête du Seigneur » de ces lieux, que nous célé- » brons avec la gayeté que vous » voyez, parce qu'en effet nous » devons à ces soins paternels » tout le bonheur de notre vie. » Où est sa demeure, & comment » se nomme-t-il ? dit Euphron. » Vous voyez son Palais, répon- » dit le Berger ; son nom est » *Uranius*. Uranius! qu'entens-je! » s'écria Philotée ; Poursuivez, » mon bon vieillard, dit Euphron, » & dites-nous ce que fait Ura- » nius pour vous rendre si heu- » reux.

» reux. Les loix qu'il a établies, » répondit le Berger, ſont ſim- » ples & en petit nombre, mais » toutes équitables & utiles ; il » n'y a qu'à les ſuivre pour ſur- » paſſer en ſageſſe les Philoſo- » phes. Il nous aime tous comme » ſes enfans ; il pourvoit à nos » beſoins ; il nous corrige avec » douceur, il modere nos paſ- » ſions, il nous fait aimer la rai- » ſon & la vertu ; il nous fait vi- » vre en paix, & il ſe plaît à nous » voir unis. Tout ce que vous » voyez ſont autant d'établiſſe- » mens faits de ſa main ; d'un » coup d'œil il voit tout, d'un » ſeul mot il tient tout en régle ; » chacun l'aime & l'honore com- » me un Pere ; c'eſt le ſujet de

» l'Ode que nous chantons. Mais à
» quoi tient-il que vous ne jugiez
» du bonheur de ceux qui vivent
» avec lui par l'accueil que vous
» en recevrez vous-mêmes quoi
» qu'Etrangers ? Je vais vous y
» conduire. Allons dit Philothée,
» doublons le pas : le Ciel en ſoit
» loüé ! Enfin (car je n'en dou-
» te plus) j'ai trouvé celui que
» je cherche. O mon Pere ! Mon
» cher Pere ? Quelle joye de
» vous connoître, & de trouver
» auprès de vous le repos qui me
» fuit depuis ſi long-tems ! de
» trouver en vous tout à la fois
» l'Auteur de ma naiſſance, un
» ſage, un protecteur, un ami ;
» un bienfaiteur, un guide ! Voi-
» ci donc ma Patrie ; je n'en ai

» plus

» plus d'autre : O heureuſe ren-
» contre ! O ſéjour enchanté !
» rien de plus tranquille que ces
» lieux, & c'eſt mon Pere qui y
» régne. . . . . .

Ici Evagoras ceſſe de lire.

SOCRATE.

Pourquoi vous arrêter en ſi beau chemin.

EVAGORAS.

Je ne m'arrête qu'avec mon papier ; il eſt malheureuſement déchiré en cet endroit, & nous ne pouvons ſavoir la fin de l'hiſtoire qu'en devinant. Pour moi je m'imagine que cette avanture aboutit à une reconnoiſſance touchante entre le Pere & le fils; après quoi notre jeune homme n'eut plus rien à déſirer ; il fut heureux

heureux le reste de ses jours. Qu'en pensez-vous, Socrate ?

SOCRATE.

Je conjecture qu'en effet les choses allerent comme vous le dites, & si vous souhaitez que l'histoire soit achevée, il me semble que vous pourriez bien en faire vous-même le supplément.

EVAGORAS.

Ouï, si ce n'étoit qu'une fiction ; mais c'est peut-être un récit véritable.

SOCRATE.

Véritable ou feint, le plus important est de voir s'il contient quelque chose d'instructif. Fût-ce une allégorie, elle doit renfermer quelque vérité.

EVAGORAS.

Quelles vérités appercevez-vous ici, Socrate ?

SOCRATE.

Cherchons un peu. Mais dites-moi auparavant, ſi vous approuvez les ſentimens de Philothée ?

EVAGORAS.

Si je les approuve ! rien n'eſt plus naturel que ce déſir de connoître ſes parens, & rien n'eſt plus juſte que la joie qu'il témoigne d'avoir trouvé ſon pere. C'eſt un autre Télémaque.

SOCRATE.

Vous n'êtes pas dans le même cas, Evagoras, puiſque vous avez eu le bonheur d'être élevé dans le ſein de votre famille.

EVAG.

me de grand air, à grande parure, & à grand équipage, cela ſuffiroit-il pour vous plaire ?

EVAGORAS.

Oh non, car il pourroit bien reſſembler au Paon ; belle plume, & vilain ramage. Pour juger de ce qu'il vaut, il faudroit l'entendre parler.

SOCRATE.

C'eſt-à-dire, que s'il parloit mal, s'il ſe montroit ignorant, vain, menteur, indiſcret, vous ne lui tiendriez pas compte de ſa belle chevelure, ni de ſes broderies à la Phrygienne ?

EVAGORAS.

Il y a là dequoi éblouïr les ſots; mais, au fond, un pareil homme n'eſt bon à rien; & ce ſeroit une

chose

EVAGORAS.

Il eſt vrai, c'eſt un ſujet d'actions de graces que j'ai à rendre aux Dieux.

SOCRALE.

Vous comprenez pourtant bien que vos Parens ne ſont pas les premiers Auteurs de votre être, & qu'il faut remonter à une cauſe ſupérieure, qui a formé le Genre humain, & qui eſt la ſource de toute Intelligence.

EVAGORAS.

En effet, les raiſonnemens que je vous ai ſouvent ouï faire, prouvent évidemment que l'homme eſt l'ouvrage de Dieu, comme toute autre partie de l'Univers.

SOCRATE.

Ce premier Auteur de tous les Etres, ne l'appellerons-nous point notre Pére ?

EVAGORAS.

Il l'eſt véritablement dans le ſens le plus juſte & le plus ſublime.

SOCRATE.

Que direz-vous donc de ceux qui ne ſe mettent point en peine de le connoître ?

EVAGORAS.

C'eſt, je l'avoue, la marque, ou d'une étrange ſtupidité, ou d'un cœur bas & ingrat. Notre Philothée n'étoit pas de ce caractere.

SOCRATE.

Mais vous, Evagore, qui

ſouhaitez de connoître votre Pere céleſte, où le chercherez-vous, & dans quels lieux croyez-vous qu'il habite ?

EVAGORAS.

La Souveraine intelligence ne ſauroit être renfermée dans un lieu ; elle remplit le Ciel & la Terre.

SOCRATE.

Nous pouvons donc la connoître ſans aller fort loin. Cette voûte azurée des Cieux, ce Soleil reſplandiſſant, ces Mers, ces Iſles, ces Montagnes, ces Vallées, tout cela eſt ſon ouvrage & ſon domaine. Ainſi nous contemplons ſes œuvres, nous ſommes dans ſa maiſon, nous vivons de ſes biens. N'eſt-ce point là, Evagoras, le Pere le plus respectable, le vrai *Uranius* que nous devons chercher ?

EVAGORAS.

Voilà donc la clé de l'Allégorie. Je commence à soupçonner que celui qui l'explique si heureusement pourroit bien l'avoir faite, & ce ne seroit pas la premiere fois que vous auriez employé de semblables moyens pour piquer la curiosité des jeunes gens. Vous souriez, Socrate .... Ah ! je vois bien.....

SOCRATE.

Qu'importe, Evagoras ? de quelque main que ce papier vienne, il s'agit d'en titer ce qu'il peut contenir d'utile. Ne vous paroit-il pas que c'est une chose très-

très-ſatisfaiſante, que de découvrir ainſi dans toute la nature la main de ſon Auteur ?

EVAGORAS.

Ce doit être pour le moins le même plaiſir que celui qu'eut Philothée à trouver ſon Pere.

SOCRATE.

En effet, Evagoras, la connoiſſance de Dieu eſt la plus belle que l'on puiſſe acquerir. Elle arrange toutes nos idées, en nous faiſant trouver la clé du ſiſtême de l'Univers, & par conſéquent, c'eſt le principe le plus fécond qu'on puiſſe avoir en Philoſophie. Mais elle a encore de plus grandes utilités.

EVAGORAS.

Et quelles, Socrate ?

SOCRATE.

Son plus grand usage est d'ennoblir notre ame, de calmer nos passions, & de régler nos mœurs.

EVAGORAS.

Comment cela ?

SOCRATE.

Ne croyez-vous pas qu'il est fort utile d'avoir devant les yeux d'excellens modéles ?

EVAGORAS.

Ouï, sans doute, rien ne nous excite plus à chercher la perfection, & rien ne nous aide mieux à y parvenir.

SOCRATE.

Mais en parcourant l'humanité, vous trouverez par-tout beaucoup d'imperfections & de vices.

EVAGORAS.

Cela n'eſt que trop vrai.

SOCRATE.

Il n'en eſt pas de même en vous élevant à Dieu.

EVAGORAS.

Non, j'ai alors dans l'eſprit l'idée de l'Etre le plus pur, le plus juſte, & le plus grand que l'on puiſſe concevoir.

SOCRATE.

Ne croyez-vous donc pas qu'il ſeroit beau & utile à l'homme de ſuivre ce grand exemple ?

EVAGORAS.

Ouï, ce ſeroit le vrai héroïſme ; mais l'homme n'en eſt pas capable.

SOCRATE.

Il eſt vrai, que l'homme ne ſauroit approcher d'un ſi parfait modéle, mais il doit toujours ſe le propoſer, afin d'avoir dans l'eſprit l'idée du *beau* éminent ; & il y a bien des cas où cette idée peut le porter à de belles actions.

EVAGORAS.

En quel cas, par exemple ?

SOCRATE.

Qu'un Prince ou un Juge ſe propoſe d'imiter Dieu ; il ſentira tout d'un coup avec quelle équité, quelle ſageſſe, & quelle impartialité il doit rendre la Juſtice. Il n'a qu'à ſe dire à lui-même : Comment Dieu gouverneroit-il les hommes, s'il les gouvernoit immédiatement & visiblement? Ceux qui sont ses Lieutenans en terre doivent donc gouverner de la même maniere. Voilà une Morale abrégée, mais excellente. Dites-moi encore, Evagoras : si vous étiez toujours auprès d'un homme vénérable, oseriez-vous faire ou dire quelque chose de mauvais ou d'indécent ?

EVAGORAS.

Non, *Socrate*, j'ai souvent éprouvé, par exemple, que votre seule présence m'inspiroit de la retenue.

SOCRATE.

Combien plus devons-nous être retenus par l'idée de la presénce de Dieu, qui nous environne

ronne & qui ne nous perd jamais de vue ? Comment se permettre une fraude, un mensonge, une action dès-honnête, une ingratitude, ou un trait d'orgueil, sous les yeux de l'Etre le plus pur, dont nous ne manquerions point d'attirer par-là l'indignation ?

EVAGORAS.

Je suis frappé de ce que vous dites, Socrate ; mais cette réflexion, si on la faisoit toujours, ne nous tiendroit-elle pas dans une trop grande crainte ? & cependant vous me faisiez entendre que penser à Dieu est une chose agréable. Comment cela s'accorde-t-il ?

SOCRATE.

Vous m'avez dit obligeamment,

ment, Evagoras, que ma présence vous inſpire de la retenuë, je ne vois pourtant pas qu'elle vous paroiſſe incommode.

EVAGORAS.

Bien loin de-là, Socrate, elle m'eſt auſſi agréable qu'utile, je ſerois bien fâché d'en être privé. Je conçois donc à preſent qu'être retenu par le reſpect, par l'eſtime, par la reconnoiſſance, ce n'eſt point une gêne; c'eſt au contraire le plus doux de tous les liens : il n'y a perſonne à qui l'on craigne tant de déplaire qu'à ceux qu'on aime le plus.

SOCRATE.

Vous avez très-bien ſaiſi la choſe, Evagoras, & par-là vous

devez

devez juger, que s'il eſt agréable de penſer à un Etre qui réunit toutes les perfections, il l'eſt encore plus de voir appeller cet Etre notre Pere, de remarquer par-tout ſa main bienfaiſante, de nous repoſer ſur ſa bonté & ſur ſa ſageſſe qui fait tout pour le mieux, & d'eſperer enfin que ſi nous imitons ſes vertus, il nous communiquera ſon bonheur. O mon cher Evagoras, que cette penſée eſt douce ! qu'elle eſt conſolante dans toutes les perplexités de la vie ! Vous m'avez dit quelquefois que vous me trouviez l'eſprit ſerein. . . . .

EVAGORAS.

Il eſt vrai ; j'ai ſouvent admiré cette tranquillité & cette bonne ne humeur conſtante, qui vous met au deſſus de tous les événemens, & qui vous rend plus content que tous ceux qu'on appelle gens de plaiſir ou gens de fortune.

SOCRATE.

S'il eſt vrai que je poſſede à un certain dégré cet avantage ineſtimable, ſachez, Evagoras, que je le dois ſur-tout aux réflexions que vous venez d'entendre ; ce ſont mes penſées favorittes, c'eſt ma joye & mon tréſor.

EVAGORAS.

Vous m'animez moi-même en parlant ainſi. Mais il nous manque pourtant la ſatisfaction de voir & d'entendre ce Pere céleſte.

SOCRATE.

Non, Evagoras, cette satisfaction ne nous est point refusée. Puisque c'est un Esprit présent par-tout, il connoit donc nos pensées, & il peut nous communiquer les siennes.

EVAGORAS.

Je comprens bien qu'il connoît ce qui se passe dans notre ame; mais comment se fait-il entendre à nous?

SOCRATE.

Quand vous lisez un Livre, ne vous semble-t-il pas que l'Auteur vous parle? Ne comprenez-vous pas ses sentimens? Ne déconvrez-vous pas ses vues? En un mot n'y a-t-il pas une sorte d'entretien entre lui & vous?

EVAGORAS.

Cela eſt vrai.

SOCRATE.

Eh bien, Evagoras, la Nature eſt comme un grand Livre, où la ſouveraine Intelligence nous parle fort diſtinctement par le ſpectacle quoique muët des objets qu'elle a créés & du bel ordre qu'elle y a mis. Mais il y a plus; ſa voix ſe fait auſſi entendre au dedans de nous.

EVAGORAS.

Comment cela.

SOCRATE.

N'eſt-il pas vrai que nous avons des idées claires de la vérité, tellement que ſi l'on nous propoſe une abſurdité, nous ſentons une certaine répugnance à l'admettre ; & si au contraire on nous dit des choses qui conviennent à ces idées, notre esprit y acquiesce nécessairement.

EVAGORAS.

Ouï ; c'est-là, je pense, ce que les Philosophes appellent les premiers principes, sur quoi se fondent tous nos raisonnemens dans les Arts & dans les Sçiences.

SOCRATE.

Et par raport à la conduite de la vie, n'avons-nous pas aussi une régle, ou des principes, qui nous font connoître ce qui est bien ou mal, ce qui est juste ou injuste ?

EVAGORAS.

Ouï, c'est de-là que se déduit toute la Morale ; & de-là vient aussi que l'homme, ou s'approuve soi-même, ou se désaprouve & se fait des reproches, selon qu'il a suivi ou violé cette Régle.

SOCRATE.

Dépend-t-il de nous, Evagoras, de changer ou d'effacer entierement de notre esprit ces premieres idées de Vérité & de Justice ?

EVAGORAS.

Je ne le crois pas : on ne sauroit s'empêcher de croire, par exemple, que l'Etre infini est au-dessus de l'Etre fini, que l'ingratitude est blâmable, qu'il faut préferer le plus grand bien au moindre, qu'il faut agir envers les autres comme nous voulons qu'ils agissent envers nous. Ce ſont là autant d'axiomes invariables, reçus en tout tems & en tout lieu.

SOCRATE.

Mais ce diſcernement intellectuel & cet inſtinct moral, d'où nous viennent-ils ?

EVAGORAS.

De nous-mêmes, de notre Raiſon.

SOCRATE.

Fort bien ; mais qui nous a donné cette raiſon, & qui a imprimé dans notre eſprit ces idées ineffaçables qui ſervent de baſe à tous nos raiſonnemens ?

EVAGORAS

Je vois bien que ce ne peut être que l'Auteur de notre exiſtence, le même qui a ſi bien réglé cet Univers.

SOCRATE.

En effet, Evagoras, c'eſt l'Etre ſuprême, qui nous a donné cette direction intérieure, & qui nous parle par ces avertiſſemens ſecrets de notre Raiſon. Voila le bon Génie que je me vante d'avoir pour guide, & qui le ſeroit également de tous les hommes, s'ils le vouloient conſulter. Peut-être la bonté de Dieu le portera-t-elle un jour à nous parler plus ouvertement, & à employer le lengage humain pour ſe faire entendre à nos oreilles. (1)

Mais

(1) On n'attribue rien ici à Socrate qui ne ſoit conforme à ſes ſentimens, comme on peut le voir dans deux Dialoges de Platon. Dans celui qui eſt intitulé *Epinomis*,

Mais en attendant que cela arrive, lisons dans le grand Livre de la Nature qu'il a ouvert sous nos yeux, & écoutons aussi la voix secrete de notre cœur, qui est comme un fidéle interpréte de ses volontés.

EVAGORAS.

Il le faut sans doute, mais je voudrois

Platon, après avoir dit que la Piété est la chose du monde la plus désirable, ajoute; *Mais qui sera en état de l'enseigner, si Dieu ne lui sert de guide?* Dans celui qu'il nomme *le second Alcibiade*, il fait dire à Socrate, que pour connoître ce qui est agréable aux Dieux, *le plus sûr parti est d'attendre que la Divinité prenant pitié de nous, envoye quelqu'un pour nous instruire*. A quoi le Disciple ajoûte: *J'espére de la bonté de Dieu que ce tems n'est pas fort éloigné.*

voudrois que cela fût plus frappant.

SOCRATE.

Il l'eſt aſſez pour un eſprit attentif.

EVAGORAS.

Mais comment acquerir cette attention ? Comment ſe rendre préſentes & familieres les belles idées dont vous parliez tout-à-l'heure ?

SOCRATE.

L'eſprit attentif, ſi néceſſaire en quoi que l'on veuille réüſſir , s'acquiert en général par une habitude d'application excitée peu à peu & ſoutenue journellement. Mais quand il s'agit particuliérement de bien ſaiſir les vérités morales & intellectuelles, il il faut éviter le tumulte des passions, & fuir un genre de vie trop dissipé & trop sensuel; il faut s'accoutumer de bonne heure à rentrer en soi-même, & à s'arrêter aux idées distinctes que la Raison nous présente; il faut la consulter sur tout ce que l'on sent & ce que l'on voit; il faut considérer l'ordre & le but des choses, & en chercher le principe & la fin; en un mot, il faut s'appliquer à démêler la partie spirituelle de ce qui n'est que matériel. Par exemple. . . . .

EVAGORAS.

Bon, car ce sont des exemples qu'il me faut; c'est par-là, Socrate, que vous savez si bien vous mettre à la portée de tout le monde.

SOCRATE.

En voici donc. Je vous ſuppoſe d'abord dans la ſolitude, éloigné des objets qui frappent le plus nos ſens & dans une parfaite tranquilité de corps & d'eſprit. Cette ſituation, Evagore, vous paroîtra peut-être la moins propre à vous rappeller l'auteur de tout ce qui exiſte. Cependant, ſans ſortir de vous, & en ne faiſant attention qu'à ce qui ſe paſſe en vous même, vous ne ſauriez vous empêcher d'appercevoir que l'intérieur de votre corps eſt dans un mouvement continuel, & que votre eſprit a une ſuite de perceptions. Or ces mouvemens & ces perceptions, qui ſont involontaires en vous, & qui ſe produisent sans le cours d'aucun Agent sensible, vous fournissent une occasion bien naturelle de vous élever à celui qui a constitué cette matiére & votre ame & votre corps.

EVAGORAS.

Mais la solitude, Socrate, & sur-tout le silence de la nuit, inspirent je ne sai quelle terreur secrette, qui empêche, ce me semble, qu'on ne se livre à ces sortes de réflexions.

SOCRATE.

C'est-là, il est vrai, le premier effet que produisent souvent les ténebres & la solitude sur l'ame des jeunes gens. Mais quoi de plus propre à dissiper cette impression de crainte & à nous

rassurer

raſſurer dans ces momens-là, que de penſer qu'il y a un ſurveillant univerſel, qui eſt toujours près de nous, qui nous garde, & qui a tellement diſpoſé les choſes que rien ne peut troubler la ſubordination des Etres ni l'ordre qu'il a établi dans l'Univers.

EVAGORAS.

Je ſens cette vérité, *Socrate*, & il me paroît que la confiance qu'elle inſpire doit encore augmenter, quand on penſe que nous pouvons nous attirer une protection & une bienveillance encore plus particuliere de Dieu, ſi nous reconnoiſſons ſes bienfaits & notre dépendance, ſi nous lui demandons pardon de nos fautes en recourant à ſa bonté, ſi notre volonté eſt toûjours ſoumiſe à la ſienne, & ſi nous nous fortifions dans des ſentimens de vertu. Voila, je penſe, le ſeul culte, qui lui eſt agréable & qui doit mieux valoir qu'une Hécatombe.

SOCRATE.

Ouï, ſans doute, Evagoras. Dieu, qui eſt une pure Intelligence, ne peut ſe plaire à des offrandes matérielles, qu'autant qu'elles expriment les ſentimens du cœur. Ainſi toutes les fois qu'on penſe à lui avec une joie reſpectueuſe, on l'honore de la maniére la plus conforme à ſa nature. C'eſt pourquoi je vous diſois qu'on en doit chercher toutes les occaſions.

EVA-

EVAGORAS.

Ne trouvez-vous pas, Socrate, qu'une des occasions qui nous rappellent le mieux l'idée de Dieu, c'eſt la vue des objets champêtres? Quand je me promene à la campagne, ou que j'ouvre ma fenêtre, & que je vois une vaſte étendue de champs fertiles entrecoupés de rians bocages & parſemés de villages qui annoncent un païs floriſſant; des prairies qu'entretient dans une fraicheur continuelle l'onde d'un ruiſſeau qui les arroſe par mille détours divers; & au-delà, dans un grand éloignement, cette plaine terminée par une chaîne de montagnes dont la cime ſe perd dans les nuës: Je trouve,

Socrate, que ces beautés naturelles me rappellent du premier coup d'œil, l'idée de celui qui en eſt l'auteur.

SOCRATE.

Je l'avoue, Evagoras; auſſi ſont-ce-là heureuſement les objets qui s'offrent le plus ſouvent à nos regards; mais l'idée de la Divinité ne ſe preſente pas moins naturellement dans le tumulte du monde & au milieu du fracas des villes, que dans la ſolitude & à la campagne.

EVAGORAS.

Comment cela?

SOCRATE.

Quand vous voyez dans la place publique ce grand concours de monde; des Senateurs

qui

qui vont à l'Areopage ; des marchands qui viennent de Smyrne, de Peluſe, ou des Iſles Baléares; des artiſans de tout métier, des étrangers de tout païs ; ce ſpectacle, qui ſemble d'abord n'annoncer que l'induſtrie humaine, éléve un eſprit intelligent, par une ſuite naturelle d'idées, juſqu'à Dieu ; en donnant lieu d'obſerver le penchant qu'il a mis en nous pour la ſociété, le don de la parole qui en fait le lien, la variété des biens dont Dieu enrichit la Terre, & la diverſité des talens qu'il a donnés aux hommes, afin qu'ayant tous beſoin les uns des autres, ils ſuppléent par des ſecours mutuels à ce qui manque à chacun d'eux.

EVAGORAS.

Ces réflexions me paroissent fort justes, & ne m'échaperont pas lorsqu'un pareil spectacle s'offrira à mes yeux.

SOCRATE.

Mais, croiriez-vous, Evagoras, que les Cours mêmes des Princes, où ces réflexions paroissent le plus étrangeres, sont pourtant propres à les faire naître dans un esprit juste & attentif?

EVAGORAS.

Cela ne m'étonneroit pas du votre, qui saisit le vrai & le bon en tout; mais je voudrois bien qu'il me servît encore de guide pour le cas que vous venez de proposer.

SOCRATE.

Figurez-vous un jour de cérémonie à la Cour d'un grand Roi. Vous voyez l'ordre le plus exact régler la pompe & la magnificence. Les dignités qui montent par une juste gradation depuis le plus bas emploi jusqu'au Souverain, se font distinguer par leurs places & leurs fonctions; chacun agit conformement à ce que son devoir lui prescrit, & tous concourent au grand but du jour. Cet arrangement particulier ne vous conduiroit-il point, Evagore, à l'idée d'un arrangement bien plus beau & d'un ordre bien plus parfait qui regne dans la société humaine & dans toute la nature? La subordina-

 tion

tion établie dans une Cour, eſt une image de la gradation des hommes entr'eux, & des bornes preſcrites à chaque condition ; bornes que le Souverain, non plus que le ſujet, ne ſauroit paſſer ſans troubler l'ordre univerſel, & ſans devenir rebelle envers le Souverain de l'Univers. Mais que penſez-vous des plaiſirs, Evagoras ? y trouverions-nous auſſi quelque route qui menât à Dieu?

EVAGORAS.

Ouï, Socrate, il me ſemble qu'au milieu d'un grand repas & dans la fête la plus brillante, j'entrevois dequoi nous conduire à ces idées ſublimes. Si la variété des mets & l'excellence des vins flattent mon goût ; ſi le le ſon des inſtrumens charme mon oreille ; ſi l'allegreſſe des convives ſe communique à mon eſprit; D'où me viennent, dirai-je, ces agréables ſenſations ? Celui qui eſt l'auteur de toutes choſes, eſt auſſi l'auteur du plaiſir : c'eſt lui qui a ſi bien conformé ces objets à mes organes, & tandis que j'en ferai un uſage modéré, je ſerai ſûr d'y trouver toûjours une ſource de mille agrémens.

SOCRATE.

Ouï, Evagoras, c'eſt ainſi qu'au milieu de la grandeur & des plaiſirs, quiconque ſait réfléchir eſt conduit à admirer la ſageſſe & à reconnoître la bonté de l'auteur de l'Univers ; & tout plaiſir eſt imparfait, ſi on ne le

ramene

ramene pas à la premiere ſource d'où il dérive. C'eſt une vérité, que la plupart des gens du monde ignorent, & de-là vient que leurs plaiſirs ſe terminent d'ordinaire en ennui.

EVAGORAS.

Voilà donc comment chaque objet qui ſe préſente peut nous faire remonter à notre grand Bienfaiteur ?

SOCRATE.

Oui, & de toutes les penſées, c'eſt la plus grande & la plus douce qui puiſſe occuper notre eſprit. Il me ſemble, Evagoras, que vous aimez les hiſtoires allegoriques ?

EVAGORAS.

Je l'avouë, il me ſemble qu'elles

les exercent agréablement l'esprit ; & vous m'avez bien pris par mon foible, quand vous m'en avez proposé une.

SOCRATE.

Eh bien, Evagoras, cet Univers est aussi un tableau allégorique. Exercez-vous à en pénétrer le sens, en vous élevant à Dieu qui se cache sous cette envelope, & en démêlant les vues d'un pere qui se laisse bientôt trouver à ceux qui le cherchent. C'est la religion du cœur, & la vraie Philosophie, seule capable d'épurer nos affections, de calmer nos inquiétudes, & de rendre l'homme sage & heureux.

EVAGORAS.

Je vois bien qu'en effet c'est la

la vraie Sagesse : PENSE & CHERCHE, N'apréhendez pas, Socrate, que j'oublie jamais ces deux mots, ni l'utile commentaire que vous y avez joint.

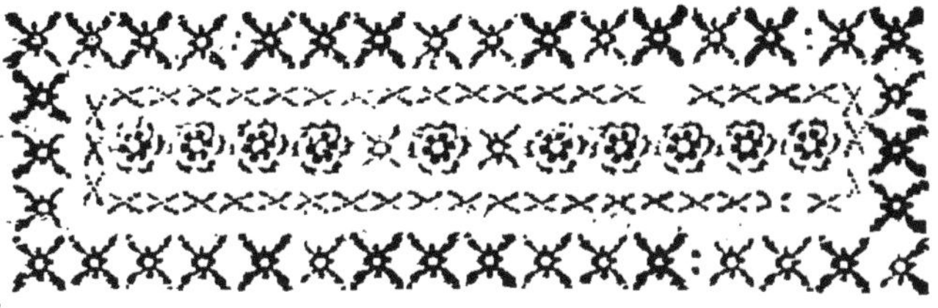

III. DIALOGUE.

Comment on doit en uſer avec ſes Inférieurs.

PROTHYME, SOCRATE, EVAGORAS.

PROTHYME.

NOus vous rencontrons fort à propos ; vous nous jugerez, *Socrate.*

SOCRATE.

Quoi ! Deux amis ne ſont pas d'accord?

EVAGORAS.

Pas toûjours, on peut avoir des

des opinions différentes, & ne s'en aimer pas moins. La diversité de sentimens fait qu'on s'éclaire, & l'amitié fait qu'on supporte la contradiction.

SOCRATE.

C'est fort bien dit, Evagoras, & si tout le monde avoitde si sages maximes, la diférence des opinions ne causeroit ni haine, ni trouble. Mais qu'elle est votre démêlé ?

PROTHYME.

Nous parlions de la conduite qu'on doit tenir, ou des manieres qu'on doit avoir envers ses inférieurs. Evagoras prétend qu'il ne faut point se familiariser avec eux ;& moi je soutiens le contraire. Qui de nous deux araison ?

SOC.

SOCRATE.

Attendez : un Juge ne va pas ſi vîte ; il faut auparavant éclaircir la queſtion & entendre les raiſons de part & d'atre ; & d'abord qu'entendez-vous par des *Inferieurs ?*

EVAGORAS.

Il y en a de diverſes ſortes ; par exemple, dans une famille les enfans ſont ſoumis aux peres, & l'éleve au gouverneur. Dans une maiſon les ſerviteurs le ſont au maître ; dans une école les diſciples doivent du reſpect à celui qui enſeigne. Dans une Cour les miniſtres & les grands officiers dépendent du Prince, & pluſieurs ſubalternes dépendent des uns ou des autres. A l'armée l'armée un ſoldat eſt au-deſſous de ſon capitaine, comme celui-ci eſt au-deſſous du Général. En un mot, tous ceux qui ſont obligés d'obéir, dans quelque poſte que ce ſoit, ſont inférieurs à ceux qui commandent.

SOCRATE.

Et ne peut-il pas arriver que le même homme ſoit en même tems ſupérieur à l'égard des uns, & inférieur à l'égard des autres?

EVAGORAS.

Cela ſe voit tous les jours. Un capitaine obéït au Général, & commande aux ſoldats. Il en eſt de même dans preſque toutes les autres conditions. Tout homme a quelqu'un au-deſſus de ſoi, & quelqu'un au-deſſous; ainſi l'on l'on eſt tantôt ſupérieur, tantôt ſubalterne.

SOCRATE.

Il eſt vrai que ce n'eſt-là qu'une qualité relative qui varie ſelon que l'on ſe compare avec gens qui ſont plus haut ou plus bas. On peut même ajouter que les dégrés de ſupériorité ou d'infériorité varient ſelon le rang des perſonnes, il y a des ſubalternes de différens étages. Mais croyez-vous, Evagoras, que ces diſtinctions de rang dont nous parlons ſoient établies par la nature, & ſi par accident un grand ſeigneur & un matelot ſe trouvoient jettés ſeuls dans une Iſle déſerte, le premier pourroit il s'arroger le commandement ?

EVAGORAS.

J'ai bien peur que l'avantage ne fût du côté du matelot, qui seroit apparemment plus vigoureux & plus habile à la chasse & à la pêche ; au lieu que le pauvre seigneur seroit fort embarassé de sa personne ; la plûpart sont si foibles, si mal adroits.

SOCRATE.

Qu'est-ce donc qui donne de l'avantage à un homme sur un autre homme dans l'état de nature?

EVAGORAS.

Il y a une prééminence & une autorité naturelle des peres sur les enfans ; mais hors de-là il n'y a que la force du corps, les lumiéres de l'esprit, ou des vertus éminentes qui donnent un un avantage réel ſur les autres, parce qu'on peut ſe rendre par ce moyen plus utile & plus néceſſaire ; mais cela ne donne pourtant pas, à proprement parler, un droit de leur commander.

PROTHYME.

Je vous remercie, Socrate, de l'avoir amené peu à peu à convenir de l'égalité naturelle des hommes ; car c'eſt là-deſſus que je me fondois pour ſoutenir mon ſentiment. Ne l'oubliez pas Evagoras,

EVAGORAS.

N'ayez pas peur. Mais je ſuis ſûr que Socrate a bien encore quelque choſe à nous dire, que je vous prie de ne pas oublier non plus, Prothyme.

SOCRATE.

Vous croyez cela, Evagoras ; Voyons ſi vous aurez deviné juſte. C'eſt donc à préſent à Prothyme à me répondre, puiſqu'il faut que chacun ait ſon tour. Vous paroît-il, Prothyme, que les hommes auroient pû vivre long-tems dans l'état d'égalité naturelle dont nous parlions tout à l'heure ?

PROTHYME.

Cela ſeroit difficile. Dès que l'on vit en ſocieté., il faut bien que quelqu'un commande & que d'autres obéiſſent ; il faut que les fonctions ſoient diſtribuées ſelon la diverſité des talens ; ce qui produit néceſſairement de l'inégalité.

SOC.

SOCRATE.

Vous saisissez fort bien les causes de la subordination & de la diversité de rangs qu'on voit établi dans le monde. Mais cela mérite d'être uu peu plus dévelopé. Dites-moi si une Nation entiere n'est pas un amas de plusieurs familles ?

PROTHYME.

Ouï sans doute.

SOCRATE.

Et dans une famille n'y a-t-il pas quelque subordination, quelque distinction ?

PROTHYME.

Ouï, les Enfans sont gouvernés par le Pere, & l'âge donne aussi quelque prééminence aux aînés sur les cadets.

SOCRATE.

Si le peuple Athenien ressemble à une nombreuse famille, ne faut-il pas qu'il y ait des Péres ou des chefs pour gouverner cette Communauté ?

PROTHYME.

Sans doute, il est nécessaire que des personnes sages soient revêtues d'autorité, afin de pourvoir au bien public. Car la multitude ne sauroit se gouverner elle-même.

SOCRATE.

Et dans la guerre, croyez-vous que chacun doive agir à son gré ?

PROTHYME.

Non, ce seroit une confusion. Jamais les forces ne sont plus

plus grandes que quand elles ſont unies. C'eſt pourquoi chaque troupe a ſon Commandant, & tous ſont ſubordonnés a un ſeul qui commande en chef, afin qu'il n'y ait qu'une direction & qu'une volonté pour faire agir tous les bras à la fois vers le même but.

SOCRATE.

Seroit-il utile pour le bien de la Société que chacun exerçât toutes ſortes d'Arts & de Profeſſions ?

EVAGORAS.

Je ne puis m'empêcher de rire à cette queſtion. La plaiſante choſe, ſi chacun étoit tout à la fois Tiſſerand, Chapentier, Docteur, & tout ce qu'il vous plaira. Qui veut trop embrasser ne réussira en rien. Que chacun s'en tienne à un métier, & les choses en iront beaucoup mieux.

SOCRATE.

Est-ce seulement la nécessité qui porte les hommes à cette diversité de Professions, ou si c'est la Nature qui les y invite?

PROTHYME.

C'est à mon tour de répondre, Evagoras. Je trouve, Socrate, que la nature elle-même nous mene à cette diversité de Profession par la diférence de génies, d'inclinations & de talens qu'elle a donné aux hommes. Celui-ci est propre a une chose, & celui-là à une autre; l'un a l'esprit tourné du côté des Sciences,

ces, & l'autre vers les Arts méchaniques. Il n'eſt donné à perſonne de réuſſir également en tout, & il n'y a perſonne auſſi qui ne puiſſe réuſſir en quelque choſe s'il conſulte ſon talent.

SOCRATE.

Mais ſi les talens & les emplois ſont différens, cela ne met-il pas quelque diſtinction d'honneur entre les uns & les autres ?

PROTHYME.

Il eſt certain que ceux qui ne ſont propres qu'aux Profeſſions les plus faciles & les plus communes s'attirent naturellement moins de diſtinction que ceux dont le génie s'éleve aux choſes grandes & difficiles. Socrate excellent Philoſophe & prudent

 Sénateur,

Sénateur, eſt aſſurément au-deſſus du Tailleur qui lui a fait ce méchant manteau.

SOCRATE.

Laiſſez mon manteau en repos; il eſt aſſez bon pour un Philoſophe. S'il ne me garantit pas de vos railleries, il me met à couvert des injures du tems, & c'eſt tout ce que je lui demande. Mais encore une queſtion; car vous ſavez que c'eſt ma méthode.

EVAGORAS.

A qui la faites-vous, Socrate? Ce devroit être à moi pour punir ce railleur de ſon indiſcrétion.

SOCRATE.

Je ne ſuis point vindicatif, & c'eſt juſtement pour le montrer que je m'adresse encore à lui. Dites-moi donc, Prothyme, des gens riches n'ont-ils pas quelque avantage sur les autres ?

PROTHYME.

Ils ont au moins l'avantage de pouvoir faire plus de bien.

SOCRATE.

Mais ne doivent-ils pas joüir d'une plus grande considération ?

PROTHYME.

Cette question m'embarrasse ; d'un côté je ne vois pas que la fortune seule mérite aucun honneur ; de l'autre je vois pourtant qu'elle est assez liée avec les honneurs ; & véritablement un homme riche peut employer beaucoup de gens & rendre service à une infinité de perſonnes. Il a le loiſir de cultiver ſon eſprit & de ſe voüer aux affaires publiques ; il peut aider ſa Patrie par ſes biens comme un autre la ſert par ſes talens, & il peut donner à ſes enfans une éducation qui les diſtingue du commun peuple. Sur ce pié-là, un riche a bien de l'avantage, & je vois que la différence de fortune établit quelque différence de condition, du moins à la longue & entre les familles.

EVAGORAS.

Où en veut venir Socrate avec toutes ſes queſtions ?

SOCRATE.

Vous le verrez, Evagoras, après que Prothyme m'aura dit ſi

cette diverſité d'états & de rangs, qui eſt reçûe dans la ſociété civile, & dont nous venons de voir les principales ſources ; ſi cette diverſité, dis-je, eſt mauvaiſe en elle-même, & s'il faudroit la bannir du monde.

PROTHYME.

Je ne crois pas que cela ſe puiſſe, ni ſe doive. C'eſt une ſuite de la nature des choſes & de la néceſſité. L'homme regagne bien par l'avantage de vivre en ſociété, ce qu'il ſemble perdre du côté de l'égalité naturelle.

SOCRATE.

Il y a donc une ſubordination légitime & qu'il faut entretenir ?

EVAGORAS.

Je vois à préſent, Socrate, où

où vous en voulez venir. C'est justement sur la nécessité d'une telle subordination que se doivent régler les procédés. Un supérieur doit garder son rang, & ne pas permettre que des inférieurs oublient ce qui lui est dû. Je vous le disois bien, Prothyme.

PROTHYME.

Mais vous, Evagoras, pourquoi oubliez-vous ce que disoit auparavant Socrate de l'égalité naturelle des hommes ?

EVAGORAS.

Cette égalité ne subsiste plus ; nous ne sommes plus dans l'état de nature ; nous vivons dans l'ordre de la société civile.

SOCRATE.

N'allez pas si vîte, Evagoras ; les

les inſtitutions humaines peuvent bien modifier ce qui vient de la nature, mais elles ne le détruiſent pas. Tant que la conformité d'organes & de beſoins, de foibleſſe & de raiſon, ſubſiſtera entre les hommes; tant qu'ils ſeront formés du même limon, & qu'ils vivront également des fruits de la terre, ce ſera toûjours la même eſpece de créatures; l'homme trouvera toûjours ſon ſemblable dans un autre homme; & le plus vil eſclave aura droit de réclamer devant le Roi de Perſe même cette *humanité* qui leur eſt commune.

EVAGORAS.

Mais voilà deux principes oppoſés; vous établiſſez une ſorte

 d'égalité

d'égalité entre les hommes, & vous voulez pourtant qu'il y ait de la ſubordination entr'eux. Comment cela s'accorde-t-il ?

SOCRATE.

Vous l'allez voir. Mais avant que d'établir mes regles, convenons d'un troiſieme principe. Il faut pour cela que Prothyme nous diſe comment il en uſe avec ſes amis.

PROTHYME.

Moi ? Demandez-le à Evagoras. J'agis ſans façon ; je me livre à eux, je leur dis tout ce que je penſe, je leur demande leur avis, je m'informe de ce qui les regarde, je me plais dans leur converſation.

EVAG.

EVAGORAS.

Il eſt vrai que nous parlons enſemble de toutes ſortes de choſes avec une grande franchiſe ; nos peines, nos plaiſirs, nos ſecrets même, tout eſt commun entre nous.

SOCRATE.

Mais voudriez-vous avoir la même ouverture de cœur pour tout le monde, & vous accommoderiez-vous également de la converſation du premier venu ?

PROTHYME.

Vraiment non ; j'y mets une très-grande différence.

SOCRATE.

Et quel inconvenient verriez-vous à converſer & à ſe lier indifféremdifféremment avec toutes ſortes de perſonnes !

PROTHYME.

C'eſt que le commerce de toutes ſortes de perſonnes ne me ſeroit pas également agréable.

SOCRATE.

N'enviſagez-vous la choſe que du côté de l'agrément ?

PROTHYME.

Vous avez raiſon, Socrate, de me faire appercevoir de ma faute. J'aurois dû dire qu'il y a des gens avec qui il n'y a rien de bon à apprendre, qui peuvent même nous corrompre & nous nuire, ou en nous donnant des idées fauſſes, ou en nous inſpirant de mauvaiſes inclinations, ou en abuſant de notre confian-

ce.

ce. Rien n'eſt plus dangereux que les mauvaiſes compagnies ; & comme nos amis ſont notre compagnie la plus ordinaire, nous devons prendre garde ſans doute à n'avoir pour amis que des gens dont les diſcours & l'exemple ſoient propres à nous former l'eſprit & le cœur.

SOCRATE.

Ce que vous venez de dire eſt important, & vous allez voir l'uſage que j'en vais faire. Vous n'oublierez pas, s'il vous plait, les principes dont vous êtes convenus l'un & l'autre. Il y a entre les hommes une égalité naturelle & ineffaçable : il y a auſſi une ſubordination juſte & néceſſaire dans le monde ; il faut concilier ces

ces deux choſes, & y joindre encore le troiſieme principe dont nous venons de parler, qui eſt d'être fort réſervé & fort délicat dans le choix des amis. Voyons à preſent ſi nous pourrons aſſez bien combiner ces trois principes pour terminer votre conteſtation. Et d'abord, vous conviendrez que nous ne devons pas choiſir pour nos amis des gens mal élevés, dont l'entretien ne ſauroit nous être utile.

PROTHYME.

Cela eſt vrai.

SOCRATE.

C'eſt pourtant ce qui arrive quand on ſe familiariſe avec des domeſtiques ou avec des gens du bas ordre. Non-ſeulement leur

converſation

conversation n'a rien d'instructif, mais elle gâte l'esprit en le remplissant de faussetés ou de petitesses. Erreur, crédulité, envie, rapports, malignité, basses flatteries, grossieretés ; voilà de quoi ils vous abreuveront ; & comme il est ordinaire de contracter les goûts de ceux qu'on fréquente, je vous laisse à penser si un tel commerce est propre à ennoblir les inclinations. Mais le plus grand malheur est que comme on ne se gêne point avec ces gens-là, & qu'on se montre à eux avec tous ses foibles & tous ses vices, sans craindre leur censure, rien ne porte à se corriger. Hauteur, paresse, caprice, intemperance, tout passe avec des gens

gens qui n'ont garde de nous contredire, il arrive même qu'on ne cherche point ailleurs de correctif à ces dangereuses impressions; parce que la mauvaise compagnie dégoûte de la bonne; on se trouve si fort à son aise avec ces subalternes commodes qui applaudissent à tous nos goûts, qu'on ne se plaît plus avec des gens d'honneur moins complaisans.

EVAGORAS.

Eh! en effet, Socrate, quand on fait un ami de son valet, mérite-t-on d'en avoir d'autres? J'ai oüi dire aussi que si on a la bassesse de se livrer à des domestiques, on ne manque pas d'en être à la fin gouverné.

Soc.

SOCRATE.

Cela eſt vrai ; des gens comme eux qui étudient nos foibles & qui entrent dans des confidences ſouvent honteuſes, deviennent bientôt nos maîtres, on les ménage par crainte, & on les employe par commodité. C'eſt le malheur de pluſieurs Princes, qui n'écoutent que pour la forme leurs Conſeillers & leurs Miniſtres d'Etat, tandis qu'ils ſont intérieurement livrés aux ſuggeſtions baſſes & intéreſſées des confidens de leur humeur & des miniſtres de leurs plaiſirs.

PROTHYME.

Quelle eſt donc la vraie maniere de vivre avec ſes domeſtiques ?

Soc.

SOCRATE.

On doit vivre avec eux comme avec des gens qui nous ſont ſemblables par la nature, & qui pourtant nous ſont ſubordonnés par l'ordre civil ; qui ſont propres à nous ſervir, & non à nous donner conſeil. Ainſi nul terme de mépris, nul dédain, nul trait de fierté, nulle humeur, nulle bruſquerie. Ils ſont hommes ; ne l'oubliez point ; l'humanité mérite toûjours des égards & de l'affection. Parlez-leur donc avec douceur, prenez ſoin d'eux, faites-leur du bien, reprenez-les avec douceur, & ſans emportement quand ils manquent. On ſe dégrade par la colere & les injures. Ecoutez-les & parlez-leur avec

avec bonté ſur les choſes qui concernent leur fonction ou leur ſervice ; mais de-là point de converſation avec eux ; nulle plaiſanterie, nul badinage, nulle licence. En un mot, ſoyez pour eux un bon maître ; mais ne ſoyez pas leur camarade. Ils vous aimeront & vous reſpecteront quand vous tiendrez ce juſte milieu ; ſur-tout en obſervant encore une condition.

EVAGORAS.

Quelle eſt-elle, Socrate ?

SOCRATE.

C'eſt de ne rien commander par caprice. L'autorité fait bien qu'un inférieur obéit ; mais il obéit mal, & avec répugnance ; il ſe rebute. Notre premier maître auquel tout le monde cede volontiers, c'eſt la raiſon. Quelque difficile que ſoit un ordre, chacun l'exécute de bon cœur, dès qu'il le trouve juſte & néceſſaire. Mais ſi l'on voit dans un Supérieur de l'inégalité & des fantaiſies, s'il commande à tort & à travers, plutôt par humeur que par prudence; ſon ſervice paroîtra dur & injuſte, & par-là ſon autorité ſera avilie. Pour être bien ſervi, il faut commander à propos. L'on vous reſpectera toûjours quand vous reſpecterez la raiſon.

EVAGORAS.

Il ne ſeroit pas difficile d'étendre les mêmes regles juſqu'aux procédés qu'on doit avoir envers

d'autres

d'autres inférieurs. Je connois qu'il faut d'un côté leur témoigner de la bonté, & de l'autre pourtant se faire obéir ; & cela en faisant usage de vos deux principes ; 1°. d'avoir égard à l'humanité qui nous est commune, & 2°. de maintenir une juste subordination.

SOCRATE.

Fort bien ; mais vous n'oublierez pas, Evagoras, que comme il y a différens ordres d'inférieurs, il y a aussi du plus ou du moins dans les égards qui leur sont dûs. Un air de bonté ne suffit pas envers tout le monde ; il y a des personnes qui méritent de plus grandes marques d'estime & d'honnêteté.

EVAGORAS.

Dites-moi, je vous prie, quelle eſt la proportion, & quelles ſont, pour ainſi dire, les nuances qu'il faut garder à cet égard ? Par exemple, un Prince a pluſieurs ſortes d'inférieurs ; il a des Miniſtres, des Courtiſans, des Officiers de différent ordre ; il a des ſujets de toute condition. Comment en agira-t-il avec eux ?

SOCRATE.

Prenons d'abord le commun peuple. Le Prince doit au moindre de ſes ſujets des marques d'affabilité & de civilité commune ; en ſorte qu'il n'y ait aucune occaſion où quelqu'un puiſſe l'accuſer de fierté ou de bruſquerie ; & qu'il y ait au contraire des

rencontres

rencontres fréquentes où un mot placé à propos, un trait de compassion & d'humanité, un acte de bénéficence, donne en général cette idée de lui, que c'est un bon Prince, qui aime son peuple.

EVAGORAS.

Voilà pour la multitude. J'attens à présent ce qu'il convient d'observer avec des personnes d'un autre rang.

SOCRATE.

Les personnes nobles, & surtout celles qui exercent des emplois honorables, demandent de plus grandes distinctions. Le Prince leur doit des marques de civilité proportionnées à leur dignité, à leur âge & à leur mérite; & de ce côté-là il vaut toûjours

jours mieux aller trop loin que de rester en arriere ; parce qu'il importe infiniment au Prince que des personnes de cet ordre soient contentes de son gouvernement & de ses manieres, qu'elles se plaisent à sa Cour, qu'elles s'affectionnent à sa maison & à son service, qu'elles prennent à cœur sa gloire & ses intérêts. De-là dépend l'agrément de sa vie, sa réputation, & le bien de ses affaires. Il ne sauroit donc avoir trop de générosité & de politesse pour s'attacher des personnes qui lui sont si utiles.

EVAGORAS.

Vous réservez pourtant quelque chose pour ce qu'on appelle les amis ?

SOCRATE.

Bon ! Un Prince en a-t-il besoin ? Il n'a qu'à ſe renfermer dans ſa dignité, & ſe contenter des réverences qu'on lui fait, & des titres qu'on lui donne. Voilà de quoi le ſatisfaire. L'amitié eſt bonne pour nous autres particuliers.

EVAGORAS.

Quoi ! Vous exilez l'amitié de la Cour ? Que vous ont fait ces pauvres Princes, pour leur ôter le charme de la vie ?

SOCRATE.

Je ne crois pas leur fare grand tort, parce qu'eux-mêmes ſont pour l'ordinaire peu ſenſibles à cette douceur. Ils aiment mieux qu'on rampe devant eux que de leur

leur parler librement ; ils veulent des flatteurs , & non pas des amis.

EVAGORAS.

Mais ſuppoſé que par haſard quelque Prince fît cas de l'amitié, comment devroit-il s'y prendre pour avoir des amis ?

SOCRATE.

Cela eſt difficile , parce qu'il faut s'exécuter tout d'un coup ſur l'article délicat de l'orgueil ; & il faut ſavoir oublier qu'on eſt Prince , ce qui peut ſe faire pourtant ſans danger pour leur dignité, parce que s'ils l'oublient, les autres ne l'oublieront pas : mais enfin il faut établir pour baſe de l'amitié la franchiſe, c'eſt-à-dire une égale liberté de pen-

ſer

ser & de parler ; à ce prix-là vous aurez des amis ; hors de-là vous n'aurez que des serviteurs.

EVAGORAS.

Il me semble que la liberté & la franchise dont vous parlez ne doivent pas tant coûter à établir. Au contraire il est agréable à un Prince de quitter un rôle de représentation cérémonieuse & génante pour rentrer dans la liberté de la vie commune ; c'est la conversation familiere qui délasse & qui récrée.

SOCRATE.

Je l'avoue, & les Princes mêmes les plus guindés sur ce qui leur est dû, le sentent bien ; mais qu'arrive-t-il ? Ils passent d'une extrémité à l'autre, & vont se délaſſer de l'ennui du cérémonial avec des domeſtiques, des comédiens, des boufons ; pour ſe dédommager de la contrainte qu'ils croyent que leur rang leur impoſe par tout ailleurs. Les ſots ne font rien avec meſure ; c'eſt toûjours du haut ou du bas ; ils ne connoiſſent point de milieu entre la hauteur & la baſſe familiarité.

EVAGORAS.

Quel eſt donc le milieu que vous conſeillez ?

SOCRATE.

C'eſt qu'un Prince choiſiſſe entre les perſonnes de ſa Cour ou de ſon pays des gens de mérite, vertueux, diſcrets, éclairés, de bon exemple & de bon entretien, avec qui il paſſe utilement & agréablement

agréablement les heures qu'il peut donner à l'amusement & à la conversation. Que dans cette société les manieres soient à peu-près sur le pié de ce qu'on appelle la bonne compagnie dans la vie privée, entre gens qui ne dépendent point les uns des autres, mais que l'estime lie & que le goût rassemble. Que le Prince ait là précisément les façons & les procédés qu'a communément un homme de qualité avec ses amis. Qu'il n'exige rien pour son rang, qu'il trouve bon qu'on le contredise, qu'il paye de sa personne & soit attentif pour les autres, autant qu'il veut qu'on le soit pour lui, & qu'il cherche à leur plaire par les mêmes manieres qu'il exige d'eux. Voilà comment un Prince qui a de l'eſprit, ſçait vivre avec tout le monde, & faire tous les rôles qui lui conviennent avec aiſance & avec dignité.

EVAGORAS.

Je vois bien que Prothyme & moi, nous allions tous deux trop loin. C'eſt le deffaut de notre âge de donner dans les extrémités; mais c'eſt le propre de Socrate de ramener tout à un juſte milieu.

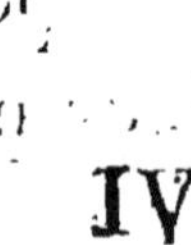

IV. DIALOGUE.

Sur la Diſſimulation.

SOCRATE, EVAGORAS.

SOCRATE.

VOUS venez ſans doute de faire vos éxercices, Evagoras ?

EVAGORAS.

Oui, Socrate, vous ſavez que c'eſt l'heure où ils finiſſent.

SOCRATE.

Il eſt vrai qu'avant-hier je vous en vis ſortir à la même heure; mais vous n'aviez pas l'air ſi gai qu'aujourd'hui.

EVAGORAS.

C'eſt que je n'avois pas le plaiſir de vous rencontrer, Socrate.

SOCRATE.

Le mot eſt obligeant. Mais politeſſe à part, vous aviez l'air fâché.

EVAGORAS.

Moi, Socrate!

SOCRATE.

Oui, vous aviez quelque choſe ſur le cœur.

EVAGORAS.

D'où jugez-vous cela, Socrate?

SOCRATE.

Vous répondites aſſez ſéchement à quelqu'un qui vous parloit.

EVAGORAS.

A qui ?

SOCRATE.

A Agoniſte fils de Timias. Que vous avoit-il fait ?

EVAGORAS.

Agoniſte !

SOCRATE.

Oui, vous refuſâtes hier de lutter avec lui.

EVAGORAS.

Il eſt vrai, & je crois avoir eu quelque raiſon pour cela.

SOCRATE.

Voici un nuage qu'il faut diſſiper, mon cher Evagoras ; dites-moi franchement ce qui vous a indiſpoſé contre ce jeune homme.

EVAGORAS.

Je vous dirai, Socrate, qu'il jetta l'autre jour un disque si mal adroitement, qu'il me meurtrit tout le bras.

SOCRATE.

Ce n'est point-là ce qui vous a offensé, Evagoras; un pareil accident cause de la douleur & non du dépit : on est fâché que la chose arrive, mais on n'en fait pas mauvais gré à celui qui en est la cause innocente. N'aviez-vous point lutté contre Agoniste?

EVAGORAS.

Oui, pourquoi me demandez-vous cela?

SOCRATE.

Vous savez que c'est ma méthode.

thode. Qui de vous deux eut le dessus ?

EVAGORAS.

Après avoir long-tems soutenu ses efforts, pié contre pié, bras contre bras, je ne sais comment le pié me glissa ; je tombai, & il s'en prévalut pour dire qu'il m'avoit renversé.

SOCRATE.

Y avoit-il beaucoup de spectateurs ?

EVAGORAS.

Une grande foule & de tout ordre.

SOCRATE.

J'entens, Evagoras, & c'est à présent que je dois vous parler avec la franchise qu'exige notre amitié.

EVAG.

EVAGORAS.

Que voulez-vous dire, Socrate ?

SOCRATE.

Je veux dire que le vrai de tout ceci est que vous fûtes piqué de votre défaite ; c'est le vrai sujet de votre chagrin.

EVAGORAS.

Il est vrai que j'eus bien de la confusion, & que je fus outré de voir que quelqu'un qui m'est ordinairement inférieur, eut ce jour-là tout l'avantage sur moi en présence d'une nombreuse assemblée. Cela est piquant, je l'avoue.

SOCRATE.

Voilà enfin l'aveu que j'attendois de vous. Agoniste vous a vaincu vainçu ; & vous commencez ; Evagoras, à vous vaincre vous-même ; cela est beaucoup plus beau. Il y a des spectacles pour l'esprit comme pour les yeux. Je me suis diverti à voir en vous ce petit jeu de l'amour propre qui luttoit contre la sincérité. Le plaisant combat que celui de ces deux Atheletes ! l'un est plus souple, l'autre plus fort. Il n'y a point de subterfuge, point de ruse, que le premier n'employe pour échapper : & il ne réussit que trop souvent. Mais cette fois, Evagoras, il s'est trouvé pris, & moi qui suis l'assemblée, je bats des mains, & vous excite à poursuivre votre victoire.

EVAG.

EVAGORAS.

Que me reſte-t-il à faire, Socrate ?

SOCRATE.

Ce n'eſt point aſſez d'avoir avoüé votre ſecret dépit ; il faut l'étouffer.

EVAGORAS.

Puis-je être inſenſible à un affront ?

SOCRATE.

Il n'y a jamais d'affront où il n'y a pas de deſſein d'offenſer. Qu'il vous reſte un peu de confuſion pour avoir manqué de force ou d'adreſſe, à la bonne heure ; vous pouvez être fâché contre vous-même. Mais pour votre antagoniſte, comment le blâmer d'avoir fait ce que vous auriez

fait

fait vous-même, si vous l'aviez pû : rendez-vous justice & à lui aussi; estimez-vous un peu moins, & lui un peu davantage, tout ira bien de cette maniere. Pour moi qui vous aime, je ne saurois être fâché de cet événement.

EVAGORAS.

Voilà une singuliere façon de vouloir du bien aux gens.

SOCRATE.

Oui, c'est vouloir leur plus grand bien. N'est-il pas vrai que vous avez été fort sensible à la mortification que vous avez reçûe ?

EVAGORAS.

J'en conviens.

SOCRATE.

Vous seriez donc également sensible

ſenſible à la gloire d'avoir vaincu : car ces ſortes de ſentimens qui ſe balancent, ſont toûjours en proportion pour le degré de vivacité.

EVAGORAS.

Je le crois.

SOCRATE.

Si donc votre chagrin va à préſent juſqu'au dépit, votre joie dans l'autre cas ſeroit allée juſqu'à la vaine gloire.

EVAGORAS.

Cela ſe peut.

SOCRATE.

Oui, je préſume, Evagoras, que des ſuccès continuels vous enfleroient le cœur, vous rendroient téméraire & préſomptueux, & vous attireroient l'envie

vie de vos amis. Il eſt bon que la gloire ſe partage, & que chacun ait ſon tour. Cela entretient l'égalité ſi convenable à l'amitié, & la modeſtie ſi néceſſaire à l'homme.

EVAGORAS.

Je vous entends, Socrate, & pour vous montrer que je ſais profiter de vos leçons, je chercherai dès aujourd'hui l'occaſion d'embraſſer Agoniſte.

SOCRATE.

Que je ſuis content de vous, mon cher Evagoras! C'eſt à préſent que votre victoire eſt complette. Vous avez d'abord vaincu votre vanité, & puis vous ſurmontez votre reſſentiment. C'eſt là une vraie grandeur d'ame. Je reconnois

reconnois un homme digne de commander aux autres, dans celui qui ſait ſi bien ſe commander à lui-même.

EVAGORAS.

C'eſt à vous, Socrate, que je dois ce petit triomphe. Mais pour achever d'éclaircir le ſujet que nous traitons, dites-moi s'il n'eſt pas permis d'ambitionner l'eſtime publique, & de chercher à ſe diſtinguer.

SOCRATE.

Sans doute, l'eſtime des autres nous eſt précieuſe; c'eſt même un puiſſant aiguillon pour nous porter au bien. Mais ne croyez pas que les talens ſeuls nous attirent l'eſtime des gens ſages; elle s'acquiert ſurtout par

la

la vertu ; & entre les vertus, vous ſavez quel rang on donne à la candeur & à la modeſtie.

EVAGORAS.

Quand vous parlez de la candeur, vous n'entendez pourtant pas que l'on ſoit obligé de dire tout ce que l'on fait & tout ce que l'on penſe.

SOCRATE.

Non, ce ſeroit une indiſcrétion. Il faut taire le ſecret d'autrui & le nôtre. Il ne faut pas non plus manifeſter toûjours le peu de cas que nous faiſons de certaines gens, ni divulguer des ſentimens qui bleſſeroient les autres ſans aucune utilité. Mais un honnête homme ne parlera jamais contre ſa penſée ; il ne diſſimulera point une vérité utile, ou même indifférente, quand on l'interroge; & avec ſes amis, il ſe gardera bien de tergiverſer ni de biaiſer en aucune façon. Un de mes voiſins de campagne a coûtume de dire que rien ne roule mieux qu'une boule.

EVAGORAS.

Il veut dire ſans doute qu'un homme ſimple & rond dans ſes diſcours & dans ſes procédés, fait mieux ſon chemin qu'un autre, réuſſit mieux dans ſes affaires, & trouve moins d'embarras dans tout le cours de la vie. Il a raiſon. Je puis payer ſon proverbe d'une ſentence qui va au même but. Un de nos ſages ne dit-

dit-il pas, que *la meilleure finesse est de n'en point avoir.*

SOCRATE.

Fort bien ; tenons-nous-en à celle-là, mon cher Evagoras, & n'en cherchons point d'autre. Mais que diriez-vous d'une sorte de dissimulation que j'apperçois quelquefois dans un jeune homme de votre connoissance ?

EVAGORAS.

Quel est ce jeune homme ?

SOCRATE.

Demandez plutôt quelle est sa dissimulation ; car pour sa personne, il vous importe peu de la connoître : mais je veux que vous jugiez de l'espece de reserve qu'il garde trop souvent. Il évite de déclarer ses desirs, son goût, ses ſentimens, de peur d'être repris ou contredit. Que vous en ſemble ?

EVAGORAS.

Il me paroît que ce peut être un effet de timidité ou de modeſtie ; il aime mieux n'avoir point de volonté que d'être trop décidé.

SOCRATE.

N'avoir nul penchant, nul deſir, ſeroit une indolence preſque ſtupide ; mais n'oſer les découvrir quand on en a, pas même devant des perſonnes qui vivent avec nous, & qui veulent bien nous ſervir de guide, je crains bien, Evagoras, qu'il n'y ait là quelque trace d'un eſprit caché & hautain qui ne peut ſouffrir la contradiction. Il y auroit certainement plus de raison & de docilité à témoigner ce qu'on pense ou ce qu'on desire, au risque d'être redressé ou d'essuyer un refus.

EVAGORAS.

Mais pourquoi découvrir des pensées qu'on craint qui ne soient pas justes, & qui par-là pourroient nous faire tort dans l'esprit d'autrui ?

SOCRATE.

J'ai déja insinué que cela dépend du caractere & de la qualité des personnes à qui nous parlons. Si ce sont des étrangers aussi peu portés à nous excuser qu'à nous corriger, il est bon sans doute de s'observer avec eux, & d'avoir la circonſpection dont vous parliez tout à l'heure; mais avec des amis, qui ne remarquent nos défauts que pour nous en avertir, c'eſt manquer à ce qu'on leur doit, c'eſt ſe manquer à ſoi-même, que de ne pas penſer tout haut avec eux.

EVAGORAS.

Il me ſemble pourtant que c'eſt ſe ménager leur eſtime.

SOCRATE.

Au contraire, il arrivera qu'en démêlant votre feinte, ils vous en eſtimeront moins. Car de prétendre en impoſer long-tems, cela n'eſt pas poſſible; c'eſt s'aller cacher derriere des filets.

EVAGORAS.

Du moins par cette réſerve

&

& en tâchant de couvrir ſes foibles, on montre une délicateſſe bienſéante & louable.

SOCRATE.

C'eſt fauſſe honte & non pas délicateſſe. Le même ſoin qu'on prend à cacher ſes défauts, qu'on le mette à les corriger, c'eſt à quoi devroit aboutir la véritable honte. Suppoſons un malade à qui le Medecin fait diverſes queſtions ſur ſon état, ſur ſon tempérament, & ſur le régime qu'il a ſuivi juſqu'alors ; comment croyez-vous qu'il doive répondre ?

EVAGORAS.

Certainement il auroit tort de cacher la moindre choſe à ſon Medecin ; car alors celui-ci ne

peut

peut lui donner des conſeils ſalutaires.

SOCRATE.

Ne croyez-vous pas, Evagoras, que l'eſprit a ſes infirmités & ſes maladies, comme le corps ?

EVAGORAS.

Je vous ai oüi dire, Socrate, que l'ignorance, l'erreur & le vice ſont autant de maladies de l'ame, & qu'au contraire la ſageſſe en eſt la ſanté.

SOCRATE.

Mais à quel âge croyez-vous que l'homme ait le plus de ces ſortes d'infirmités ou de maladies ſpirituelles ?

EVAGORAS.

Ce doit être à l'âge où l'eſprit eſt encore peu formé faute d'expérience ;

périence ; alors les paſſions ſont vives & la raiſon eſt foible.

SOCRATE.

A cet âge qui eſt celui de l'enfance & de la jeuneſſe, vous voyez donc que l'on feroit bien d'ouvrir ſon cœur à quelqu'un.

EVAGORAS.

Oui, à quelqu'un qui peut nous guérir ; & je crois bien, Socrate, que je ne ſaurois mieux m'adreſſer pour cela, qu'à l'habile Medecin qui connoît ſi bien ma conſtitution.

SOCRATE.

C'eſt uniquement dans ce but, Evagoras, que je prétends à votre confiance ; comptez que ſi l'on dupe les autres en déguiſant ſes défauts, on eſt encore plus ſa propre dupe , puiſqu'on s'ôte par-là à ſoi-même un des meilleurs moyens de connoître ſes défauts & de les déraciner. Ce n'eſt qu'en ſe montrant tel qu'on eſt, qu'on apprend à devenir tel qu'on doit être.

EVAGORAS.

Voilà une maxime qui eſt bonne à joindre à tant d'autres que je tiens déja de vous ; mais ne pourroit-on pas ajoûter à ce que vous avez dit, qu'en ſe laiſſant aller à ces petits déguiſemens, il eſt à craindre qu'on ne s'accoûtume en général à la feinte & à l'hypocriſie ?

SOCRATE.

Je vous fais bon gré de cette remarque, Evagoras ; elle eſt juſte

juſte & importante. En effet, dès que l'on ſe permet la feinte ſur un article, on ſe la permet aiſément ſur d'autres, & l'on contracte ainſi un caractere faux & diſſimulé.

EVAGORAS.

Caractere odieux, que je déteſte ! en vérité on doit ſe garder de tout ce qui peut y conduire. Mais ce que vous avez dit ſuppoſe en même-tems, que ceux qui ſont autour des jeunes gens doivent leur laiſſer aſſez de liberté, & ne pas leur ſavoir mauvais gré de cent penſées plaiſantes qui leur paſſent par la tête ; autrement ceux-ci n'oſeroient pas ouvrir la bouche.

SOCRATE.

Cela eſt vrai ; j'ai toûjours crû qu'il étoit bon de permettre aux jeunes gens de parler ſans contrainte. C'eſt l'unique moyen de les connoître à fond : s'ils penſent bien, on les approuve ; s'ils penſent mal, on les redreſſe. C'eſt par des avis donnés à propos & avec douceur, qu'on éclaire & qu'on fortifie leur raiſon.

EVAGORAS.

Ne vous paroît-il pas, Socrate, que leur ingénuité même devroit ſouvent faire excuſer leurs fautes.

SOCRATE.

Oui, l'on eſt déſarmé par un aveu ſincere, on pardonne tout à la candeur ; & ſi l'ingénuité ſied

ſied à tout le monde, on peut dire qu'elle eſt ſurtout l'ornement de la jeuneſſe.

EVAGORAS.

Pourquoi cela, Socrate?

SOCRATE.

Parce qu'on s'attend à trouver dans cet âge l'expreſſion de la ſimple nature qui n'eſt point encore altérée ni falſifiée par les artifices du monde; & parce que les jeunes gens étant préciſément au point d'avoir le plus beſoin de conſeils, l'on ſent bien que l'on ne peut leur en donner, ſi l'on ne démêle leurs penchans, & ſi l'on ne connoît tout ce qui ſe paſſe en eux.

EVAGORAS.

C'eſt donc pour cette raiſon

qu'un Philoſophe diſoit à un jeune homme, parles, que je te voie.

SOCRATE.

Oui, & tout le monde feroit bien de prendre cet avis pour ſoi ; la diſſimulation eſt comme un maſque que l'on porte ſur le viſage pour n'être pas connu ; ſur ce pié-là, la ſociété humaine ne ſeroit qu'un commerce de tromperie. Voulons-nous vivre en confiance les uns avec les autres ? Laiſſons le maſque aux Comédiens, & montrons-nous avec nos traits naturels.

V.

V. DIALOGUE.

Sur l'Eſprit de bagatelle.

MICROPHILE, SOCRATE, EVAGORAS.

MICROPHILE.

DÉfendez-moi, Socrate, je vous prie.

SOCRATE.

Contre qui ? jeune étranger : y a-t-il quelqu'un à Athenes qui manque envers vous au ſacré devoir de l'hoſpitalité ?

MICROPHILE.

Non, mais Evagore me raille impitoyablement : vous ſeul pouvez lui impoſer ſilence.

SOCRATE.

Il y a dans tous nos jeux publics des Juges ou des Arbitres. Voulez-vous que je ſois le vôtre ? car apparemment votre combat n'eſt qu'un jeu ; dites-m'en le ſujet, & ſur quoi roulent les railleries d'Evagoras ?

MICROPHILE.

Qu'il le diſe lui-même, puiſqu'il eſt l'agreſſeur : vous verrez que c'eſt un rien.

EVAGORAS.

Vous en allez juger, Socrate ; l'autre jour en me rencontrant, toute ſon attention roula ſur ce que j'avois une agraffe qu'il n'avoit pas encore vûe, & que ma robe étoit de celles qu'on nomme *à double teinture*, de la fabrique de Plutogene Milesien, qui coûte précisément tant; sur quoi il entra dans de grands détails.

MICROPHILE.

Eh bien, quoi de plus naturel, & de plus ordinaire aux jeunes gens!

EVAGORAS.

Dites plutôt entre de jeunes filles. C'est ainsi qu'on nous représente les filles du Roi Lycoméde, mais ce ne fut jamais le rôle d'Achile.

MICROPHILE.

Ce n'est pourtant pas une chose indifférente que d'être habillé de de bon goût ; de ſavoir ce qui appartient à l'ajuſtement, de connoître les bons ouvriers.

EVAGORAS.

Il faut être habillé commodément ſelon la ſaiſon, & avec bienſéance ſelon ſon rang & ſon âge, & en laiſſer le ſoin à ſon tailleur ; mais de courir après les nouvelles modes, de rafiner ſur la parure, d'en faire ſon occupation, en vérité c'eſt donner dans la vétille.

SOCRATE.

J'entends dire aux gens ſages qu'il y a là-deſſus un milieu à tenir ; on ne doit ſe faire remarquer ni par ſa malpropreté, ni par ſa parure. Donnez à la mode à-peu-près ce qu'elle demande ;

mais

mais n'en parlez pas, & que ce ne ſoit point une affaire qui vous occupe.

MICROPHILE.

Soit, mais Evagoras vous dira que nos converſations ne roulent pas toujours ſur de pareilles choſes, nous parlons ſcience, nous raiſonnons ſur d'hiſtoire.

EVAGORAS.

Oui, & c'eſt dans les ſciences mêmes que Microphile porte le tour d'eſprit que je lui reproche. Par exemple, nous parlions l'autre jour de l'expédition des Argonautes. A quoi penſez-vous qu'il ait ſur-tout pris garde ? Quelle circonſtance croyez-vous qui l'ait le plus frappé ? Ecoutez bien ; quelqu'un a rapporté que

la

la figure peinte à la poupe du vaisseau, étoit un triton qui ouvroit une large bouche.

MICROPHILE.

Il est vrai que je ris en pensant à la figure de ce triton ; il me semble que je le vois avec sa gueule béante.

EVAGORAS.

Vous l'entendez, Socrate ; cette circonstance est assurément très-essentielle dans l'affaire dont il s'agit.

SOCRATE.

Quelles sont donc, Evagoras, les particularités de cet événement qni attirent votre attention ?

PROTHYME.

Je veux savoir quels étoient les

les Héros qui s'embarquerent avec Jason; s'il est vrai que le sage Orphée fut du nombre, comme quelques-uns l'ont dit; par quel trait de prudence ou de valeur, chacun d'eux s'est signalé; quel étoit le vrai but de cette entreprise (car la Toison d'or ne peut être qu'une allégorie;) quelle route ils prirent, & quelles difficultés, quels périls ils eurent à surmonter dans ces commencemens de la navigation. Je suis curieux aussi de savoir pourquoi plusieurs noms de constellations sont tirés de ce fameux voyage. Enfin il faudroit me dire s'il est revenu quelque avantage à la Grece de cette entreprise, ou s'il en a résulté plus de mal que de

bien

bien. Voilà, ce me ſemble, ce qu'il faut chercher dans l'Hiſtoire.

MICROPHILE.

Pour moi, j'y cherche ce qui me rejouit, ce qui m'amuſe.

SOCRATE.

Avez-vous tout dit, Evagoras, & votre accuſation eſt-elle complette?

EVAGORAS.

Non, Socrate, j'ai encore un grief, que je garde pour le dernier. Imaginez-vous qu'on ne ſauroit faire ni plaiſanterie, ni petit conte, ni jeu de mots, qu'il ne ſe le rappelle trois mois après, & n'en rie à propos de rien, au milieu même des entretiens les plus ſérieux. Oh, je vous prie,

Socrate,

Socrate, guérissez-le de ce foible; cela me sera aussi utile à moi, car j'en crains la contagion.

SOCRATE.

Vous êtes bien vif dans vos plaidoyers, Evagoras; je vois bien qu'il faut que je prenne ici la défense de cet étranger.

EVAGORAS.

Quoi ! vous pourriez.....

SOCRATE.

Un peu de patience; mais asseyons-nous un moment, afin de parler plus à notre aise.

MICROPHILE.

Bon, je vais trouver ici un Avocat.

EVAGORAS.

Dites plutôt un juge équitable & éclairé.

MICR.

MICROPHILE.

En qualité de Juge, Socrate, vous n'êtes pas tout-à-fait placé comme il vous convient. Mettez-vous un peu plus haut.

SOCRATE.

Soit, me voilà.

EVAGORAS.

Et moi ſuis-je bien ?

MICROPHILE.

Non, aſſeyez-vous plus bas, cela ſera que nous formerons un triangle régulier : rangez-vous à droite ; là, reſtez, & moi je me tirerai un peu ſur la gauche, cela ſera joli.

SOCRATE.

Eſt-ce tout ?

MICROPHILE.

Attendez ; comme Evagoras

eſt plus petit que moi, il faut qu'il ſe mette un peu plus haut, afin que nos têtes ſoient allignées.

SOCRATE *tout bas.*

Evagoras plus petit; ce ne ſera au moins que de corps.

EVAGORAS.

Toutes vos cérémonies ſont-elles finies? Vous voyez, Socrate, un nouveau trait de ſon amour pour les minuties. N'ai-je pas raiſon de le lui reprocher?

SOCRATE.

Blâmez-vous donc la régularité, Evagoras?

EVAGORAS.

Non, au contraire, je l'approuve là où elle eſt néceſſaire; mais de ſe piquer de ſymétrie & de préciſion dans les choſes qui n'en demandent point ; & qui iroient aussi bien sans cela, c'est mal placer ses soins, & employer peu dignement son esprit.

SOCRATE.

Mais n'est-il pas beau de donner son attention à tout, & d'étendre ses soins jusqu'à la moindre chose ?

EVAGORAS.

J'avoue que la souveraine intelligence peut embrasser une infinité d'objets, & veiller également à tous ; mais l'esprit humain n'a pas cette étendue : il est trop borné, & n'étant capable que d'une certaine mesure de connoissance & d'application, il doit s'attacher à l'utile ; & je suis sûr d'avoir pour moi notre grand

Medecin

Medecin Hippocrate, qui disoit, que l'*art est long, & la vie est courte.*

SOCRATE.

Mais le soin des petites choses marque peut-être un génie vaste qui peut embrasser mille objets à la fois.

EVAGORAS.

Je crains plutôt que cela ne marque le contraire, & que l'attention qu'on donne aux petits objets ne détourne des grands : je crains qu'en se tournant vers le frivole, on n'abandonne le nécessaire.

SOCRATE.

Mais aussi, Evagoras, qu'appellez-vous le frivole ? Peut-être que vous donnez ce nom à des choſes qui ont pourtant leur uſage, & que vous prenez pour important ce qui ne l'eſt point. Car la valeur des choſes dépend de diverſes conſidérations. Par exemple, vous blâmiez Microphile de ſe montrer ſi curieux & ſi connoiſſeur en étoffes nouvelles ; cependant on loue beaucoup ce Marchand Tytien arrivé depuis peu, à cauſe de la grande connoiſſance qu'il a de ces ſortes de fabriques, & je n'ai vû perſonne trouver mauvais qu'il en parle ſouvent.

MICROPHILE *à Evagoras.*

Ah ! je ſavois bien que Socrate ſeroit plus indulgent que vous.

EVAGORAS.

Attendez jusqu'au bout ; vous ne connoissez pas encore sa méthode ; & vous verrez bientôt où il vous menera. Il me paroît que ce Marchand Tyrien est louable en effet, puisqu'il fait son métier. C'est un art pour lui & un art utile. Mais nous ne voyons pas qu'un homme comme Socrate tourne ses études du même côté ; d'où vient cela ? Ce n'est pas défaut de curiosité ni d'habileté ; personne ne l'en soupçonnera. C'est qu'il sied mieux à Socrate de s'appliquer à des sujets plus relevés.

SOCRATE.

Vous croyez donc que ce qu'on appelle grand ou petit,

varie

varie ſuivant les conditions & les perſonnes ?

EVAGORAS.

Oui, & là-deſſus je me rappelle la diſtinction que nous faiſions l'autre jour de ce qui conſtitue le mérite de l'homme en général, & le mérite particulier de chaque profeſſion.

SOCRATE.

Fort bien, & comment cela vous ſervira-t-il à déterminer quelles ſont les choſes importantes ?

EVAGORAS.

Je trouve qu'il y en a de deux ſortes ; les unes ſont telles pour tout le monde, parce qu'elles vont à rendre l'homme ſage, ſociable & heureux dans tous les états,

états, comme la religion, le bon ſens, la vertu, la bonne humeur, &c. Les autres ne ſont importantes que pour tel âge, pour telle profeſſion, ou pour tel but particulier. Telle eſt la ſcience d'un fabriquant, d'un ouvrier, d'un matelot : autant qu'il ſied bien à de telles perſonnes d'entrer dans tous les détails qui concernent leur art ; autant ſieroit-il mal à un Sénateur ou à un Capitaine d'apprendre les mêmes choſes ; & comme ce ſeroit une puérilité à un Pilote d'être ſubtil Grammairien, c'en ſeroit une auſſi à un Rheteur de vouloir connoître juſqu'aux moindres pieces d'un navire.

MICROP.

MICROPHILE.

Je conclus de-là qu'il faut s'attacher à ce qui eſt d'une utilité générale, & puis à ce qui convient particulierement à notre condition.

EVAGORAS.

Dites-moi, Microphile, ſeriez-vous bien flatté d'avoir la capacité d'une nourrice pour tous les petits ſoins que demande ſon métier ?

MICROPHILE.

Non, aſſurément ; de quoi me parlez-vous-là ? Me conviendroit-il de me rabaiſſer à des détails de nourrice ?

EVAGORAS.

Ce qu'elles ſavent eſt pourtant bien plus utile & plus néceſſaire,

ceſſaire, que les colifichets & les menues choſes dont pluſieurs hommes n'ont pas honte de s'occuper.

SOCRATE.

Ne ſoyez pas ſi preſſant, Evagoras ; vous convenez que l'importance des choſes varie ſuivant les perſonnes, & que le grand & le petit ſont des termes relatifs au but que l'on ſe propoſe. N'eſt-il pas vrai ?

EVAGORAS.

Oui.

SOCRATE.

Eh bien ! ce ſeul mot peut vous faire perdre votre cauſe.

EVAGORAS.

Comment cela ?

SOCRATE.

Qui vous a dit qu'elles ſont les vûes de Microphile ? peut-être ne veut-il pas ſe mêler d'affaires ni avoir aucun emploi dans la ſociété. Or vous m'avouerez que pour ſe diſſiper & pour amuſer des femmes, ce que vous appellez minutie & frivole, n'eſt pas inutile.

MICROPHILE.

Arrêtez, Socrate, je ſens votre irronie. Mon deſſein n'eſt pas aſſûrément de faire un perſonnage auſſi frivole dans le monde, que celui que vous dites ; ma naiſſance me promet autre choſe, & je ſerois bien fâché de ne pas joüer un rôle honorable dans ma patrie.

SOC.

SOCRATE.

Tant que j'ignorois votre qualité & vos desseins, je cherchois quelque excuse à ce goût de bagatelle ; mais après ce que vous venez de dire je change de ton.

MICROPHILE.

Mais ce goût passera ; c'est une légéreté de jeunesse ; je me livrerai un jour à des soins plus importans. Ne voit-on pas que la nature elle-même fait paroître les fleurs avant les fruits ?

SOCRATE.

Il est vrai, mais les fleurs renferment le fruit encore tendre ; elles l'annoncent & le promettent ; elles contiennent l'utile avec l'agréable. Je n'exige pas qu'un jeune homme soit sérieux ;

mais il doit déja ſaiſir le grand & l'utile en toutes choſes, & ne s'arrêter à la bagatelle que comme à une bagatelle, c'eſt-à-dire, légérement & en paſſant, ſans préjudice des choſes importantes. Si l'on ne fait pas ce diſcernement de bonne heure, je doute qu'on le faſſe jamais.

MICROPHILE.

Vous fondez ſans doute votre regle ſur quelque principe général?

SOCRATE.

Oui. Premierement, ſur le principe qu'Evagoras vient de poſer, qui eſt que la capacité humaine ne pouvant tout embraſſer, il eſt à craindre que l'amour des petites choſes ne faſſe négliger les

les grandes : mais il y a encore un grand principe qu'il ne faut jamais perdre de vûe.

MICROPHILE.

Quel eſt-il ?

SOCRATE.

C'eſt de donner à chaque choſe ſon prix, en proportionnant le degré de notre eſtime à ſa juſte valeur.

MICROPHILE.

Il n'y a rien de plus raiſonnable que cela, & je ne crois pas que perſonne vous le conteſte.

SOCRATE.

On ne le conteſte pas, mais on l'oublie, & cet oubli eſt la ſource de preſque toutes les ſottiſes du genre humain. Par-là on renverſe l'ordre, on ſe paſſionne pour de petits objets, on néglige les grands, on donne plus d'attention à l'acceſſoire qu'au principal. Ce travers eſt très-ordinaire parmi les hommes, & peut-être plus dans notre ſiecle, ſi cultivé & ſi poli, que dans tout autre.

EVAGORAS.

Comment cela, Socrate? car avec vous on s'attend à voir alléguer des exemples, c'eſt votre maniere d'enſeigner.

SOCRATE.

Les exemples ne nous manqueront pas. Voyez nos gens du bel air; quand il s'agit des choſes divines, des devoirs de la vie, du gouvernement civil, des ſciences ſolides, tout cela ſe traite

traite légérement, cavalierement, d'un air aisé & badin : peu leur importe de quelle maniere on pense là-dessus. Mais n'être pas précisément à la derniere mode en fait d'habillemens, ne pas savoir nommer les nouveaux mets de la table, ne pas réussir à faire des riens, ne pas suivre le goût dominant sur des minuties, voilà ce qui décide qu'un homme est un sot : on prend là-dessus le ton serieux, on a des regles rigides à quoi il ne faut pas manquer; on raille sur les mœurs & sur la Religion, mais on n'entend point raillerie sur les manieres. En un mot, le frivole est ici traité comme l'essentiel, & l'essentiel comme le frivole.

EVAGORAS.

C'eſt-là, ce me ſemble, un renverſement de ſens, & même de goût. Car, ſi je ne me trompe, le bon goût eſt auſſi fondé ſur ce même principe, qu'il faut mettre chaque choſe en ſa place, & la faire valoir ce qu'elle vaut.

SOCRATE.

Sans doute, & vous faites bien de tourner la choſe de ce côté, puiſqu'on ſe pique plus de goût que de raiſon. Mais à ce ſujet, ne dirons-nous rien de nos Sophiſtes ?

EVAGORAS.

Vous les maltraitez quelquefois.

SOCRATE.

Ils le méritent, parce que ce

ſont

ſont eux qui gâtent les eſprits. La faculté de la parole à été donnée à l'homme comme un moyen de s'inſtruire. Mais, que font-ils ? prenant le moyen pour la fin, ils parlent pour parler, & font du langage une affaire de parade, un art de déclamation & de diſpute, ſans ſe mettre en peine de chercher la vérité, mais ſeulement de paroître éloquens & ſubtils ; ce qui eſt une vraie puérilité.

EVAGORAS.

Sur ce pié-là, je conclus qu'il faut chercher en toutes choſes ; premierement le vrai, & puis l'utile.

SOCRATE.

Fort bien. Prenez ces deux points

points pour les deux pôles du monde raiſonnable. Avant toutes choſes, cherchez le vrai : mais comme toutes les vérités ne ſont pas également intéreſſantes, ſaiſiſſez le *vrai utile*, & dédaignez tout le reſte ; c'eſt la marque des bons eſprits.

MICROPHILE.

Je ne me plains plus de la querelle que m'a faite Evagoras, puiſqu'elle me procure un pareil entretien, & me vaut de ſi ſages conſeils. Je vois déja par expérience que le véritable agrément n'eſt pas dans les minuties, & je ne m'étonne point qu'Evagoras penſe mieux que moi, lui qui a le bonheur d'avoir tant d'accès auprès de Socrate. Mais ne ne pourrois-je pas le quereller à mon tour, de ce qu'il n'a point pensé à me faire partager cet avantage avec lui ?

SOCRATE.

En ce cas je vous ferai bonne justice, il ne tiendra qu'à vous d'être désormais de nos conversations. Mais puisque j'apperçois à votre prononciation, que vous êtes de quelqu'une des Villes Grecques d'Italie, dites-moi s'il est vrai que les Romains qui dominent dans le *Latium*, ont l'esprit mâle & tourné au grand.

MICROPHILE.

Cela est vrai, Socrate, & l'on dit qu'ils prennent le chemin non-seulement de surpasser les Grecs en valeur, mais de les effacer pour le génie.

SOCRATE.

Je le croirois aiſément ; car pour nous il eſt viſible par nos goûts frivoles & ſuperficiels ; que le génie va en décadence. On m'a dit de ces mêmes Romains, qu'ils ont dans leur langue un proverbe qui me plaît fort : Une aigle, diſent-ils, ne prend pas des mouches. O Evagoras & vous Microphile, ſoyez des aigles puiſque votre état vous y appelle ; vous n'êtes pas nés pour être roitelets.

VI. DIALOGUE.

Du cas que l'on doit faire de l'estime d'autrui.

SOCRATE, EVAGORAS, MICROPHILE.

SOCRATE.

JE suis bien aise de vous revoir ensemble. A ce que je vois il en est des petites guerres des amis, comme des querelles des amans ; elles ne font que rechauffer l'amitié.

MICROPHILE.

Oui, Socrate, surtout quand un

un ſage tel que vous vient modérer leur feu, & les ramener de part & d'autre à un juſte point. Mais nous avons encore beſoin que vous nous mettiez d'accord.

SOCRATE.

Sur quoi donc, je vous prie ?

MICROPHILE.

Je louois ce mot d'un de nos Philoſophes, *cache ta vie*; mais Evagoras ne l'approuve pas. Il veut qu'on cherche à être connu, qu'on étende ſa renommée, qu'on ſoit paſſionné pour la gloire, & il oppoſe à ma ſentence ce trait de Thémiſtocle, qui diſoit que les lauriers de Miltiade l'empêchoient de dormir.

EVAGORAS.

N'eſt-ce pas en effet l'amour

de

de la gloire qui fait les Héros ; au lieu que la maxime que Microphile débite n'eſt propre qu'à couvrir la lâcheté & à nourrir des inclinations baſſes ?

SOCRATE.

Il y a du moins un cas où le conſeil de cacher ſa vie ſeroit bon.

EVAGORAS.

Et dans quel cas Socrate ?

SOCRATE.

C'eſt quand on a le malheur de vivre ſous un gouvernement tyrannique : alors malheur à tous ceux qui ſe diſtinguent ; l'obſcurité ſeule garantit des dangers.

MICROPHILE.

Je ne crois pas que le Philoſophe qui a donné ce conſeil l'ait reſtreint

reſtreint à un cas ſi particulier ; il l'a crû d'un uſage plus général.

SOCRATE.

Dites-moi, Microphile, l'homme peut-il vivre ſeul ?

MICROPHILE.

Non, il a beſoin du ſecours des autres, & je ſai qu'un de vos grands principes eſt que nous ſommes nés pour la ſociété.

SOCRATE.

C'eſt la nature elle-même qui dicte ce principe. Nous avons des parens, des amis, des compatriotes, nous vivons au milieu d'eux, & nous en recevons mille bons offices. Pouvons-nous donc nous dérober à leur vûe ? Et pourquoi ſe cacher à eux quand on le pourroit ? Celui qui ne fait

rien

rien que d'honnête ne doit pas craindre le grand jour ; & il me semble qu'Evagoras n'a pas tort de dire que l'obscurité sert souvent de couverture à des actions deshonnêtes.

MICROPHILE.

Je comprens que la maxime dont nous parlons doit se réduire à nous détourner de l'ambition pour mener plutôt à une vie privée ; en ce sens Socrate ne la rejettera pas.

SOCRATE.

Pourquoi non ? N'est-il pas nécessaire qu'il y ait des Juges, des Chefs, des Commandans, en un mot, quelqu'un qui gouverne le peuple ?

MICROPHILE.

Je l'avoue, mais il faut laiſſer ce ſoin à d'autres.

SOCRATE.

A qui ? Aux ſots ou aux ſages ? Aux méchans ou aux bons ?

MICROPHILE.

Il eſt à ſouhaiter que ce ſoient plutôt les bons & les ſages qui gouvernent ; ce ſeroit un grand malheur ſi l'autorité tomboit en de mauvaiſes mains.

SOCRATE.

Vous voyez donc que le conſeil de *cacher ſa vie* ne convient en aucune façon aux honnêtes gens.

MICROPHILE.

Cela eſt vrai : mais vous m'avouerez auſſi que l'ambition de faire

faire parler de ſoi eſt une folie.

EVAGORAS.

Je ne crains pas que Socrate condamne l'amour de la gloire ; ce ſentiment eſt trop propre aux belles ames, c'eſt l'aiguillon de la vertu.

SOCRATE.

Oui, pourvû qu'on ne donne pas dans l'excès de ce côté-là.

MICROPHILE.

Je vois que notre ſage Pilote va nous faire paſſer habilement entre Scylla & Charybde.

EVAGORAS.

Quel excès y a-t-il donc à éviter par rapport à la gloire ?

SOCRATE.

Seriez-vous bien aiſe, Evagoras, lorſque vous entrerez ſur la place, que la populace ſe mît à crier : Oh qu'Evagoras eſt beau ! Qu'il eſt vaillant ! Qu'il eſt éloquent !

EVAGORAS.

Cette acclamation me paroîtroit fade & ridicule, comme venant du vulgaire ignorant, qui loue aujourd'hui, & qui blâmera demain avec la même légereté. Quel cas peut-on faire d'un pareil jugement ?

SOCRATE.

N'arrive-t-il pas même ſouvent que la multitude loüe des choſes peu loüables ?

EVAGORAS.

Oui, la multitude applaudit plutôt aux actions d'éclat qu'aux actions juſtes. Elle admire un

Conquérant

Conquérant qui n'eſt ſouvent qu'un uſurpateur ; & elle vante une largeſſe lors même qu'elle ſe fait aux dépens de l'équité ou de la bonne foi.

SOCRATE.

Vous ne ſeriez pas non plus fort avide des complimens & des loüanges qu'on viendroit vous adreſſer directement ?

EVAGORAS.

Ce ſont des flatteries, le plus ſouvent fauſſes, & toûjours dangereuſes.

SOCRATE.

Et croyez-vous qu'en faiſant ſon devoir ou en ſervant ſa Patrie on doive avoir pour motif & pour but de faire parler de ſoi ?

EVAGORAS.

Non, il faut faire ſon devoir pour l'amour du devoir, & ſervir ſa Patrie pour l'amour de la Patrie, indépendamment de l'honneur qui nous en revient.

SOCRATE.

Il ne tiendra qu'à vous préſentement de définir la fauſſe gloire.

EVAGORAS.

C'eſt celle qui s'acquiert par des actions brillantes plutôt que juſtes. Ce ſont les acclamations d'une multitude inconſidérée ; ce ſont les louanges des flatteurs, c'eſt enfin quand le deſir d'être loüé devient le principal mobile de notre conduite. Cependant vous ne voulez pas qu'on mépriſe toute ſorte de gloire.

SOCRATE.

Non, il y a un honneur juſte & ſolide qu'il ne faut pas dédaigner, & que la ſageſſe divine a établi comme un lien de la ſociété, & comme une des récompenſes naturelles de la vertu.

MICROPHILE.

En quoi conſiſte cet honneur dont nous devons faire tant de cas ?

SOCRATE.

Il conſiſte dans l'approbation des gens ſages, & dans l'eſtime de ceux avec qui nous vivons. Il ne s'agit pas d'avoir une grande renommée, mais de l'avoir bonne. L'étendue de notre réputation dépend de la ſphere plus ou moins grande où l'on eſt, ou du du rôle plus ou moins diſtingué que l'on joüe dans le monde. Il n'eſt pas néceſſaire d'être fort connu : mais il eſt néceſſaire d'être connu par de bons endroits.

MICROPHILE.

Il me ſemble pourtant que chercher la louange ou chercher l'eſtime des autres, c'eſt-à-peu près la même choſe.

SOCRATE.

Non, Microphile, il y a de la différence : Thémiſtocle aimoit les applaudiſſemens, & cela ſans diſtinction de quelque bouche qu'ils vinſſent ; mais ſa conduite a été ſouvent équivoque. Ariſtide cherchoit l'eſtime, & ſa vertu ne s'eſt jamais démentie.

EVAG.

EVAGORAS.

Tenons-nous-en à la gloire d'Ariſtide ; c'eſt la meilleure : mais je voudrois bien ſavoir d'où vient que les applaudiſſemens ne marchent pas toûjours avec l'eſtime ?

SOCRATE.

Vous l'allez voir, Evagoras : louez-vous en face ceux que vous eſtimez le plus ?

MICROPHILE.

Je n'oſerois le faire de crainte de bleſſer leur modeſtie.

SOCRATE.

Les louez-vous même abſens en termes pompeux ?

MICROPHILE.

Non, l'eſtime s'explique en termes plus meſurés. On ſe contente d'en parler avantageusement en toute rencontre, & de leur rendre service dans l'occasion. Ces marques d'estime, tranquilles & le plus souvent indirectes, valent mieux, & sont plus sinceres que de grands éloges.

SOCRATE.

Voilà ce qui est effectivement précieux, & qu'on peut appeller un des plus grands bien de la vie.

MICROPHILE.

Comment cela?

SOCRATE.

La nature n'a-t-elle pas attaché un sentiment agréable à tout ce qui marque en nous quelque perfection?

EVAGORAS.

Oui, nous aimons à sentir qu'il

y a en nous des qualités excellentes : c'eſt un attrait naturel pour nous engager à les acquérir.

SOCRATE.

Si un homme ſage vous blâme, quel effet cela produit-il ſur vous?

EVAGORAS.

Ah! Socrate, que j'aurois de honte de m'être attiré votre cenſure? Ce ſeroit pour moi une confuſion inſupportable.

SOCRATE.

Si au contraire un homme ſage vous approuve, quel ſentiment cela vous cauſe-t-il?

EVAGORAS.

Une joie délicieuſe : vos bontés, Socrate, me l'ont fait éprouver plus d'une fois.

SOCRATE.

Auriez-vous le même plaisir à être approuvé d'un homme en qui vous n'auriez nulle confiance?

EVAGORAS.

Non : un témoignage comme le vôtre, Socrate, m'assûre que j'ai réellement telle ou telle qualité. Mais le témoignage d'un autre moins éclairé & moins sincere ne me donneroit pas la même certitude, & ne me rendroit pas si content de moi.

SOCRATE.

Vous approuvez donc bien cette sentence qu'il ne faut se soucier d'être loüé que par des gens

qui

qui ſoient eux-mêmes loüables.

EVAGORAS.

Je la trouve excellente, & par-là je vois que le véritable honneur conſiſte à joüir de l'eſtime des honnêtes gens.

SOCRATE.

Mais outre le plaiſir intérieur que nous donne le ſentiment de l'eſtime d'autrui, combien n'en recueille-t-on pas de fruits pendant tout le cours de ſa vie ?

MICROPHILE.

Quels ſont ces fruits, Socrate ?

SOCRATE.

Vous les découvrirez vous-même, n'eſt-il pas avantageux à un marchand d'avoir du crédit ?

MICROPHILE.

Oui, le crédit fait la moitié de sa richesse.

SOCRATE.

Auroit-il du crédit si on le croyoit mal-habile ou de mauvaise foi?

MICROPHILE.

Non, son crédit vient de la bonne opinion qu'on a de sa prudence & de son intégrité.

SOCRATE.

Ce crédit ou cette confiance dont il joüit n'est donc autre chose que l'estime qu'on a pour lui.

MICROPHILE.

Cela est évident.

SOCRATE.

Peut-on se pousser dans les emplois,

emplois, ou s'avancer dans le monde ſans l'aide des autres ?

MICROPHILE.

Non, on dépend ou de l'appui d'un ſupérieur, ou de la faveur du peuple.

SOCRATE.

Eſt-il indifférent pour cela d'avoir une bonne ou une mauvaiſe réputation ?

MICROPHILE.

J'ai toûjours oüi dire qu'une bonne réputation fraye le chemin à tout : cependant on a vû des gens peu eſtimés faire leur chemin par la ruſe & par l'intrigue, témoin Alcibiade.

SOCRATE.

Alcibiade étoit un composé de belles qualités & de grands

 défauts.

défauts. Il ſe peut que l'on parvienne quelquefois par de mauvaiſes voies : mais ſi l'on demande quel eſt le grand chemin , le chemin le plus ſûr pour parvenir, c'eſt aſſûrément celui du merite & de la bonne renommée.

MICROPHILE.

Je comprens qu'en effet on a beſoin d'un tel ſecours pour s'avancer dans les emplois : mais cela n'eſt pas ſi néceſſaire à ceux qui ne cherchent qu'à vivre tranquillement dans une condition privée & ſans ambition.

EVAGORAS.

Permettez , Socrate , que ce ſoit moi qui ramene mon ami ſur ce point en eſſayant votre méthode. Dites-moi , Microphile , pour-

pourquoi vous futes l'autre jour ſi piqué de mes railleries ?

MICROPHILE.

Belle demande ! C'eſt qu'on n'aime pas à ſe voir tourner en ridicule ſurtout d'un ami tel que vous.

EVAGORAS.

Et que diriez-vous ſi je vous rapportois ce qui ſe dit il y a un mois dans une nombreuſe compagnie, où l'on vous accuſoit de manquer de cœur !

MICROPHILE.

Moi, manquer de cœur? Quand ai-je montré de la lâcheté ? Qui ſont les gens qui ....

EVAGORAS.

Doucement, mon cher ami, ces diſcours ne vous ſont rien, vous

vous n'avez qu'à les mépriſer, comme n'étant d'aucun poids.

MICROPHILE.

N'importe, ces gens-là m'offenſent, & je ſaurai m'en venger.

SOCRATE.

Calmez-vous, Microphile, je vois la feinte de votre ami qui a voulu vous convaincre par vous-même que nous ne ſaurions être inſenſibles au blâme ou à l'eſtime d'autrui, & qu'un tel jugement nous touche toujours par quelque endroit. La Sageſſe divine qui nous a faits pour vivre les uns avec les autres, a voulu auſſi que nous fiſſions cas de nos jugemens réciproques, afin que cette ſorte de dépendance mutuelle ſervît à nous unir plus étroitement.

MIC.

MICROPHILE.

En fait-on l'épreuve dans toutes les conditions ?

SOCRATE.

Oui, nous remarquions ci-devant que chacun dans sa sphere est nécessairement lié à un certain nombre de personnes, & ce nombre est illimité : car tous les jours on peut se rencontrer ou avoir affaire avec des gens que l'on ne connoissoit point auparavant.

MICROPHILE.

Il est vrai.

SOCRATE.

Or la maniere plus ou moins sûre, plus ou moins honnête & agréable dont les autres agissent avec nous dépend en grande partie

tie du cas qu'ils font de notre perſonne. Par exemple, croyez-vous qu'un homme peu eſtimé de ſa femme, de ſes enfans & de ſes domeſtiques, ſera ſervi, aimé & honoré dans ſa maiſon comme il doit l'être ? Aura-t-on la même attention pour ſes deſirs & la même déférence pour ſes volontés que ſi on la croyoit toûjours équitable ? Craindra-t-on de lui déplaire ? Se réjoüira-t-on de ſa préſence ? S'affligera-t-on de ſes malheurs ? Appréhendera-t-on de la perdre comme ſi on l'eſtimoit véritablement.

MICROPHILE.

Mais le devoir & l'affection naturelle produiroient peut-être le même effet ?

Soc.

SOCRATE.

Le devoir a besoin d'être animé par quelque motif qui remue le cœur ; & vous l'avez bien senti, Microphile, quand vous y avez joint l'affection naturelle. Mais cette affection même doit être fondée sur l'estime ; elle ne sauroit subsister avec le mépris. Une femme qui trouve son mari méprisable lui donne à peine la moitié de son cœur ; des enfans qui connoissent les travers de leur pere, ne l'honorent qu'à demi ; des serviteurs qui connoissent son foible pensent à le tromper, il est leur joüet dans le tems qu'il croit être leur maître ; ses voisins, ses parens trop informés de ses défauts le regardent avec mépris.

pris. Et quoi de plus mortifiant que de trouver partout des visages froids, & lire dans l'ame de tous ceux qui nous approchent qu'ils ne font aucun cas de nous? En vérité cela est bien humiliant.

ÉVAGORAS.

Ce doit être au contraire une chose bien flatteuse que de trouver autour de nous des gens portés à nous aimer & à nous servir par considération & par estime. Si l'approbation du moindre de nos esclaves ne nous est pas indifférente, quel plaisir n'est-ce pas de voir que nous sommes bien dans l'esprit de ceux avec qui nous vivons!

MICROPHILE.

Cependant on voit des amitiés

tiés où l'eſtime n'entre pour rien.

SOCRATE.

Ce ſont des liaiſons de plaiſir & d'intérêt. Mais ces ſortes de liaiſons ne ſont pas durables : dès que l'intérêt ou la conjoncture changent, le lien ſe rompt. Il en eſt de même des nœuds formés par la volupté. On ſe divertit quelquefois avec des gens vicieux : mais au fond on les mépriſe ; & quand le tems de folie eſt paſſé, ſouvent on les déteſte : au lieu qu'on revient toûjours à ceux qu'on eſtime : c'eſt d'eux que l'on veut prendre conſeil, c'eſt ſur eux que l'on compte dans les affaires importantes. Comme il n'y a qu'une eſtime réciproque qui établiſſe la confiance néceſ-

ſaire

ſaire à la vie domeſtique, il n'y a auſſi que l'eſtime qui produiſe les vrais amitiés.

EVAGORAS.

Et par quel moyen peut-on s'acquérir l'eſtime dont vous parlez ?

SOCRATE.

Il n'y en a point d'autre que les talens & la vertu, voilà ce qui imprime un reſpect dont les plus vicieux ne peuvent ſe défendre.

EVAGORAS.

L'apparence ne feroit-elle point ici le même effet que la réalité ?

SOCRATE.

Non, non, Evagoras. Contrefaire l'habile homme ou l'honnête

nête homme, quand il ne l'eſt pas, c'eſt un rôle trop difficile & une peine ſuperflue ; on ne trompe pas long-tems le public. Le plus court eſt d'être réellement ce que l'on veut paroître. Pour cela il faut des qualités eſſentielles, comme l'intégrité, les bonnes mœurs, l'application, le jugement : mais il faut auſſi des qualités liantes, une douceur, une civilité générale & ſoutenue. Souvenez-vous, Evagoras, de notre entretien ſur ce qui fait le mérite de l'homme en général & le mérite de chaque condition particuliere. N'oubliez pas non plus ce que nous diſions un jour de la maniere d'agir avec ſes ſupérieurs, ſes égaux & ſes inférieurs. Vous aurez par-là, si je ne me trompe, à-peu-près tout ce qu'il faut pour gagner l'approbation des gens sages & pour mériter l'estime du public.

EVAGORAS.

L'estime publique dont vous parlez n'est-elle pas plus nécessaire aux Princes qu'à tout autre, puisqu'ils sont des personnes publiques?

SOCRATE.

Vous avez raison, Evagoras, & c'est proprement-là ce qu'ils doivent rechercher, au lieu de la vaine gloire dont plusieurs d'eux s'entêtent follement.

MICROPHILE.

Il paroît pourtant qu'un Prince

ce eſt au-deſſus des jugemens que l'on peut porter ſur lui.

SOCRATE.

Il l'eſt moins que perſonne, il dépend encore plus des autres que les autres ne dépendent de lui.

MICROPHILE.

Comment cela, Socrate, votre diſcours m'étonne.

SOCRATE.

Vous le comprendrez par un exemple. Quelle eſt la pierre d'une voute qui peut le moins ſe paſſer des autres ?

MICROPHILE.

C'eſt la plus haute ou celle qu'on nomme la clé ; car ſans les autres elle tomberoit, au lieu que les pierres baſſes qui touchent la

 terre

terre, ſe ſoutiennent d'elles-mêmes.

SOCRATE.

Mais ces autres prieres formeroient-elles une voûte ſans la clé ?

MICROPHILE.

Non, c'eſt elle qui les lie toutes.

SOCRATE.

Eh bien ; la ſociété civile eſt comme une voûte artiſtement conſtruite ou toutes les familles entrent comme différentes pierres pour y tenir un rang plus ou moins élevé. Le Roi eſt à la tête pour en lier toutes les parties : mais lui-même eſt porté & ſoutenu par tout ſon peuple, il a beſoin du concours de leurs bras & de leurs volontés.

MICROP.

MICROPHILE.

Oui, mais ces bras & ces volontés concoureroient également à ses vûes par obéissance & par soumission ; on obéit aux Princes comme Princes, à cause de leur autorité.

SOCRATE.

Il y a une autorité extérieure qui vient des loix : mais il y en a une autre qu'il faut y joindre, & sans laquelle la premiere n'a ni solidité ni sûreté.

EVAGORAS.

Quelle est cette sorte d'autorité ?

SOCRATE.

Appellons-la autorité intérieure. Elle consiste dans cet ascendant naturel que nous donne ſur les autres, la capacité & le mérite. D'où vient, je vous prie, qu'Orphée ſans être revêtu d'aucun pouvoir, vint à bout de civiliſer la Thrace? C'eſt qu'on le regardoit comme le plus ſage des hommes. On étoit porté à ſuivre ſes conſeils comme des loix, & ſon exemple comme un modele. Au contraire, il n'y a qu'à voir la pauvre figure que font les monarques peu eſtimés.

EVAGORAS.

Je crois que l'hiſtoire en doit fournir aſſez d'exemples.

SOCRATE.

Hélas! à chaque page : & c'eſt la ſource de leurs malheurs comme du malheur des peuples qui leur ſont ſoumis. En qualité

d'homme,

d'homme, un Souverain qu'on n'estime pas est privé de l'amitié & de la confiance qui sont le charme & la sûreté de la vie privée. Comme Prince, son autorité en est ébranlée & avilie. Les autres Souverains ne se fient point à lui ou le négligent ; ses ministres ne lui sont point affectionnés ; ses courtisans s'en moquent ; ses sujets le haïssent ou le méprisent. Lâche-t-on quelque satyre contre lui : elle trouve aisément créance, parce qu'on le croit aisément capable de tout le mal qu'on en dit. A-t-on découvert son incapacité ou ses mauvais penchans : mille gens artificieux s'empressent à en abuser. On lui obéit à regret, on le le sert mal, il est entouré de gens suspects & disposés à le trahir. Tout manque à un Prince décrédité, tout est en désordre autour de lui. Le vulgaire qui voit certains revers ne regarde que la cause prochaine & apparente : mais approfondissez les choses, vous trouverez que le mal vient de loin; c'est un arbre dont les racines ont été peu-à-peu desséchées & pourries, faut-il s'étonner qu'avec si peu d'assiette un coup de vent l'ébranle & l'abatte?

EVAGORAS.

On pourroit faire un portrait bien opposé à celui-là.

SOCRATE.

Je vous en laisse le soin, Evagoras, faites-le vous-même : il il siéra bien dans votre bouche.

EVAGORAS.

Je vais l'essayer puisque vous le voulez. Si un Souverain sait joindre à la dignité de son rang cette sagesse, cette droiture, & cette bonté, qui naturellement gagne les cœurs, il sera honoré & chéri de tout son peuple comme un bon pere l'est dans sa famille ; on lui obéira sans peine, persuadé qu'il ne commande rien que de juste, & que ses Ministres sont bien choisis. On payera les tributs sans répugnance, parce qu'on ne croira pas qu'ils soient imposés mal-à-propos, ni qu'ils soient mal employés. Chacun demandera au Ciel la prolongation de ses jours, les autres Princes craindront de se déshonorer en l'offensant, & si quelqu'un l'attaque, les autres prendront sa défense. Un Prince personnellement estimé, est toûjours plus fort qu'un autre, parce qu'il a plus d'amis & moins d'ennemis.

SOCRATE.

J'aurois eu tort de ne vous pas laisser faire ce portrait, vous y avez très-bien réussi.

MICIOPHILE.

Peut-être trouvera-t-on que les avantages que l'on tire de l'estime publique pour le soutien du trône regardent seulement les Souverainetés électives, où un Prince a besoin des suffrages de sa nation pour parvenir à régner.

SOCRATE.

Si un Prince héréditaire n'a pas besoin de suffrages pour parvenir au trône, il en a toûjours besoin pour y trouver de l'honneur, de l'agrément, de la sûreté. C'est du concours des autres volontés avec la sienne que naissent tous ces avantages : d'ailleurs il ne faut jamais perdre de vûe l'institution primitive de la Royauté.

EVAGORAS.

Que voulez-vous dire, Socrate ?

SOCRATE.

Les premiers Royaumes étoient électifs, & c'étoit bien la meilleure forme de gouvernement, tant qu'il y avoit de la modération entre les hommes, parce que le choix ne pouvoit que tomber ſur une perſonne d'expérience & de capacité. Mais l'ambition ayant cauſé à ce ſujet des cabales & des guerres civiles, la plûpart des peuples aimerent mieux courir le riſque d'avoir un Roi par droit de naiſſance ; que d'acheter ſi cher un Roi de leur choix ; cependant les ſages tâcherent en même-tems de remédier à cet inconvénient.

MICROPHILE.

Comment cela ?

SOCRATE.

En prenant ſoin de bien élever les enfans des Rois, & d'écarter d'eux tout ce qui eût pû les corrompre. Par-là on s'aſſûroit, autant qu'il étoit poſſible, d'avoir en en eux des Princes auſſi capables de bien gouverner, que ſi on les avoit choiſis exprès. Ce moyen quand il réuſſit, concilie heureuſement les avantages des deux formes de gouvernement. On a un bon Souverain, & on l'a ſans diſcorde & ſans trouble.

EVAGORAS.

Sur ce pié-là je connois combien il ſeroit indigne d'un Prince de ſe prévaloir de ſa naiſſance, pour valoir moins que s'il devoit être élû. Celui de ſes ancêtres qui l'a été, l'a été ſans doute par ſon mérite, & l'on a compté que ſes deſcendans le remplaceroient à tous égards. Qui occupe ſont rang doit auſſi avoir ſes vertus; & le moins que doive un

Prince à une Nation qui a rendu le ſceptre héréditaire dans ſa famille, c'eſt de faire enſorte qu'elle n'ait pas lieu de s'en repentir. Il eſt beau de faire dire à tout un peuple : quand nous aurions choiſi un Souverain, nous n'en aurions pas choiſi d'autre que celui que l'ordre de la ſucceſſion nous donne.

SOCRATE.

C'eſt être véritablement Prince que de l'être de cette maniere. Je ne vous quitterai point, ſans vous embraſſer, mon cher Evagoras, tant j'ai de joie à voir en vous ces ſentimens.

VII.

VII. DIALOGUE.

SUR L'INDOLENCE.

SOCRATE , EVAGORAS.

EVAGORAS.

DITES-moi, Socrate, vous qu'on nomme le Medecin de l'ame, qu'elle peut être la maladie de mon ami Anaiſthéte ?

SOCRATE.

Dites-m'en les ſymptomes, & nous verrons comment on doit la qualifier.

EVAGORAS.

Il ne pense fortement à rien ; il pense peu de suite ; les choses importantes ne le frappent pas davantage que les bagatelles ; & quoi qu'il fasse de sérieux, un joüet, une mouche suffit pour le distraire. Il n'est pas plus occupé de ses plaisirs que de son travail, & ses chagrins passent aussi vîte que sa joie. En un mot, on diroit que les idées ne sont que glisser sur la superficie de son ame sans y faire impression.

SOCRATE.

Votre ami est-il lourd & pésant de corps ? Car je ne le connois point ? est-il lent dans ses mouvemens ?

EVAG.

EVAGORAS.

Non, il aime à remuer & à badiner.

SOCRATE.

C'eſt donc indolence & pareſſe d'eſprit.

EVAGORAS.

Cette maladie eſt-elle dangereuſe, Socrate ?

SOCRATE.

Des plus dangereuſes.

EVAGORAS.

Mais pas tant, je penſe, que les travers d'eſprit, les vices & les paſſions violentes ?

SOCRATE.

Je ne ſais, que préféreriez-vous, Evagoras, d'une maladie aiguë, ou d'une langueur habituelle ?

EVAGORAS.

Je craindrois presque plus la langueur, quoique le péril n'en semble pas d'abord si grand.

SOCRATE.

J'en dis autant de l'indolence, c'est un mal lent & imperceptible, mais qui énerve & ruine peu-à-peu notre constitution, & qui à la longue n'est pas moins pernicieux que les passions turbulentes.

EVAGORAS.

Comment cela, Socrate ?

SOCRATE.

Vous l'allez voir : l'homme est-il né pour la vie active ou passive ?

EVAGORAS.

Qui dit la vie, dit un état

actif, autrement ce ſeroit une
mort. Toutes nos facultés ſont
de telles nature qu'elles demandent d'être exercées, & il y a
dans chaque état des devoirs &
des fonctions à remplir.

SOCRATE.

Fort bien, Evagoras, & je
n'en veux pas davantage, pour
montrer qu'un Indolent n'eſt
dans aucun ſens, ce qu'il doit
être ; car il ne ſauroit ni remplir,
comme il faut, les obligatioins
de ſon état, ni joüir agréablement de la vie.

EVAGORAS.

Voilà deux grands points, Socrate. Quoi! vous le condamnez
à n'être ni homme de mérite, ni
homme heureux? Cela eſt terri-
ble.

SOCRATE.

C'est lui-même qui s'y condamne ; pour moi je ne sais que l'en avertir & le plaindre.

EVAGORAS.

L'indolence est-elle donc un si grand obstacle à toutes les fonctions qu'un homme doit exercer?

SOCRATE.

Jugez-en vous-même : n'est-il pas vrai que pour quelque emploi que ce soit, depuis le sceptre jusqu'à la houlette, il faut quelque habileté ; il faut une certaine mesure de raisonnement, de savoir & d'application, sans quoi l'on fera tout de travers.

EVAGORAS.

Cela est vrai.

Soc.

SOCRATE.

Mais comment peut-on apprendre à raiſonner juſte ? Quelle habileté peut-on acquérir, ſi l'on n'a nulle ardeur pour apprendre, nulle attention dans ſes leçons, nul goût pour l'occupation ? Rien ne s'arrête alors dans la mémoire, les meilleures inſtructions ne prennent point racine, c'eſt une ſemence jettée dans un ſable mouvant : je vous ai déja dit que je ne connois point votre ami ; mais je gagerois bien que ſes progrès ſont légers & ſon ſavoir des plus minces.

EVAGORAS.

Je comprens bien que les ſciences de mémoire ne s'apprennent pas ſans application : mais il n'en faut pas tant pour les choſes de jugement ; & quand il s'agit de diſcerner le vrai du faux, un indolent peut avoir le ſens auſſi droit & le coup d'œil auſſi juſte qu'un autre.

SOCRATE.

Les choſes les plus ſimples & les plus faciles demandent un certain degré d'attention & d'application, dont un indolent devient incapable s'il s'abandonne à l'inaction de l'eſprit : mais qui plus eſt, la plûpart des affaires ſont compliquées ; il faut diſcuter un fait, il faut enviſager un objet ſous pluſieurs faces, il faut apporter des diſtinctions, des exceptions, des limitations, il faut prendre des milieux, & c'eſt ce que

que ne fait point un homme nonchalant ; ou il décide légérement & ſans connoiſſance, ou il ſe laiſſe conduire ſottement & en aveugle, à gens qui prennent de l'aſcendant ſur lui.

EVAGORAS.

Je comprens bien qu'il ſe repoſera volontiers ſur ceux qui flattent ſa pareſſe.

SOCRATE.

Le jugement ne s'exerce pas ſeulement ſur le vrai & ſur le faux, ſur le juſte & ſur l'injuſte ; il doit encore nous ſervir à meſurer le degré d'importance, ou l'utilité de chaque choſe ; n'eſt-il pas vrai ?

EVAGORAS.

Sans doute, il faut ſavoir meſurer

ſurer & apprécier au juſte les biens & les maux ; c'eſt-là un des points les plus néceſſaires pour rendre un homme judicieux.

SOCRATE.

Suffit-il de faire cette eſtimation par le raiſonnement, ou s'il faut que nos affections & les mouvemens de notre cœur ſoient proportionnés à la valeur des choſes ?

EVAGORAS.

Comme il s'agit ici d'une qualité relative à notre bonheur, il faut que l'intérêt que nous y prenons ſoit plus ou moins vif, que la chaleur avec laquelle nous y penſons, ſoit plus ou moins grande, & que l'activité avec laquelle nous recherchons ou nous

fuyons

fuyons les objets, ſoit plus ou moins forte, ſelon le plus ou le moins de bien ou de mal qui en peut réſulter. En un mot, l'ame doit s'émouvoir conformément à la nature des choſes qui l'intéreſſent.

SOCRATE.

Vous n'appelleriez donc pas un homme ſenſé qui craindroit autant de ſe faire une égratignure au doigt que de perdre un bras, ou qui ſe paſſionneroit autant pour une partie de paume que pour le ſalut de la Grece ?

EVAGORAS.

Non aſſurément, ce ſeroit-là un renverſement de ſens.

SOCRATE.

C'eſt donc une ſottiſe de ſe

passionner pour des bagatelles comme pour des sujets importans ?

EVAGORAS.

Oui, c'est le défaut des têtes chaudes.

SOCRATE.

Et de ne prendre rien à cœur, de ne s'émouvoir pas plus pour les grandes choses que pour les petites, qu'est-ce je vous prie ?

EVAGORAS.

Autre sottise, & défaut des esprits indolens. Une ame bien constituée sera frappée du grand, du beau, de l'utile, & cela avec un degré de vivacité proportionné à la nature de l'objet. Puisque l'homme est un être sensible, il doit être touché, ou ému à propos,

propos, & la ſenſibilité n'eſt blâmable qu'autant qu'elle eſt mal placée, c'eſt-à dire, quand elle eſt au-deſſus ou au-deſſous de ce que les choſes méritent. Me permettriez-vous, Socrate, d'employer une comparaiſon.

SOCRATE.

Vous ſavez, mon cher Evagoras, que je n'en ſuis pas ennemi.

EVAGORAS.

Je dirois donc qu'il en eſt de notre ame comme d'une lyre, dont les cordes plus ou moins tendues doivent rendre un ſon tantôt plus doux, tantôt plus fort, ſelon le ſujet que l'on veut chanter ?

SOCRATE.

Fort bien ; vous n'aimez donc pas la monotonie ?

EVAGORAS.

Rien n'eſt ſi froid ni ſi inſipide.

SOCRATE.

Voilà pourtant ce qu'eſt l'indolence ; ne s'animer pas plus pour l'eſſentiel que pour l'acceſſoire, & ne pas donner plus d'attention aux grandes choſes qu'aux petites, c'eſt imbécillité, c'eſt manquer de ce jugement qui caractériſe l'homme ſage, de ce goût pour le beau qui fait l'homme d'eſprit, & de cette ardeur pour le grand qui fait le Héros.

EVAGORAS.

Mais quoiqu'un homme ſe mon-

tre

tre nonchalant dans les petites choses, il peut se réveiller & s'animer quand l'importance du sujet l'exigera

SOCRATE.

Croyez-vous, Evagoras, qu'un Sibarite ne manquera ni de force, ni de courage dans le besoin ?

EVAGORAS.

L'expérience fait voir que la vigueur du corps se perd dans une vie molle, & ne s'entretient que par l'exercice.

SOCRATE.

Il en est de même des forces de l'ame; l'attention est une qnalité qui ne vient pas tout d'un coup, mais qui s'acquiert par l'usage. En vain l'importance du sujet demandera-t-elle que l'on tende, pour ainſi dire, tous les nerfs de ſon eſprit; une tête légere en eſt incapable, & pour ne s'être appliquée à rien, elle ſe trouvera hors d'état de s'appliquer à ce qui l'exige le plus; c'eſt une ame aſſoupie, rien ne la réveille: ſurvient-il un péril, elle ſe trouble, & ne remédie à rien. Un pareil caractere ne peut jamais former qu'un mince perſonnage. La nonchalance ne faiſant que croître, dégénere enfin en péſanteur d'eſprit: croyez-moi, Evagoras, il n'y a pas loin de l'indolence à la ſtupidité.

EVAGORAS.

Mais il faut avouer au moins qu'un tel caractere n'eſt pas malfaiſant.

Soc.

SOCRATE.

Voyons uu peu cela. Que diriez-vous d'un Général qui resteroit à table, quand l'ennemi approche ; d'un Juge qui iroit se promener, lorsqu'il doit donner audience, ou d'un Pilote qui s'endormiroit en passant les Syrtes ? Ces gens-là ne feroient-ils point de mal ?

EVAGORAS.

Ils en feroient beaucoup.

SOCRATE.

Et pourquoi ?

EVAGORAS.

Parce qu'ils manqueroient à un devoir essentiel, & seroient cause, par leur négligence, de tout le dommage qui en peut arriver.

SOCRATE.

La négligence, ou la ſimple inaction, peut donc être fort criminelle.

EVAGORAS.

Sans doute.

SOCRATE.

Or l'indolence, qu'eſt-elle autre choſe, qu'une habitude de négligence & d'inaction, qui s'étend à tout, qui ôte & la capacité & la volonté de s'acquitter d'aucune fonction, & qui empêche ainſi qu'on ne rempliſſe les devoirs de ſon état ? Je ne vous parle point en l'air ; parcourez le monde, liſez l'hiſtoire, & vous verrez que les négligences ont des ſuites auſſi pernicieuſes que les crimes, & que les peuples ne

ſouffrent

souffrent pas moins de la nonchalance d'un Roi foible, que des passions d'un Roi méchant ; l'un fait le mal, l'autre le laisse faire ; cela ne revient-il pas au même pour le public ?

EVAGORAS.

Vous me faites peur, en vérité, par la peinture que vous faites de ce défaut : je ne l'aurois pas cru de si grande conséquence.

SOCRATE.

J'avoue pourtant qu'il y a un ordre de gens en qui il n'est pas si dangereux pour le public.

EVAGORAS.

Et en qui, je vous prie, afin que je voye si mon ami ne feroit point excusable par cet endroit ?

SOCRATE.

Je parle des gens qui ne veulent vivre que pour eux-mêmes, & qui consentent à n'être rien dans le monde. Si Anaisthete est de ce nombre, son indolence ne sera pas si funeste à la société ; mais s'il aspire aux grands postes, c'est un défaut capital. Il faut ou remplir dignement une place, ou l'abandonner ; il n'y a pas de milieu. Autrement ce seroit trahir le public & se déshonorer soi-même, en se montrant indigne d'un rang qu'on occupe.

EVAGORAS.

Je sens bien que vous n'exigez rien que de juste ; mais cela me met en peine pour mon ami, car il est homme à vouloir tenir

son

ſon rang, & comment le tenir ? Comment développer ſes talens ſans effort & ſans activité ? Cela eſt impoſſible ; c'eſt dommage en vérité qu'un état, auſſi agréable que la pareſſe, ſoit ſi incompatible avec nos devoirs.

SOCRATE.

Vous appellez la pareſſe agréable. O! Evagoras, ne faites point ce tort à la nature, ou plutôt à la Providence divine ; elle a mieux aſſorti que vous ne croyez nos devoirs & nos plaiſirs.

EVAGORAS.

Comment cela, Socrate ?

SOCRATE.

Répondez d'abord à une ou deux queſtions, car vous ſavez que c'eſt ma méthode. Qu'arrive-t-il à une machine qui est trop rudement secouée ?

EVAGORAS.

Elle se brise.

SOCRATE.

Et qu'arrive-t-il à une machine qui est long-tems en repos ?

EVAGORAS.

Elle se rouille & se gâte.

SOCRATE.

Si vous étiez le maître de faire une machine sensible & capable de pourvoir par elle-même à sa conservation, qnand voudriez-vous qu'elle eût un sentiment douloureux & désagréable ?

EVAGORAS.

Quand elle se fatigue, afin de l'avertir qu'elle a besoin de s'arrêter.

SOCRATE.

Et voudriez-vous qu'elle eût une ſenſation agréable dans un état de repos ?

EVAGORAS.

Non ; c'eſt une autre extrémité ; qui lui nuiroit autant qu'un mouvement exceſſif, & dont par conſéquent il faut encore qu'elle ſoit avertie.

SOCRATE.

A quel état donc attacheriez-vous le plaiſir ?

EVAGORAS.

Je l'attacherois plutôt à un exercice modéré, comme au ſeul état qui lui ſoit réellement utile.

SOCRATE.

Et pour les facultés de l'eſprit,

ne doivent-elles pas aussi être exercées ?

EVAGORAS.

Oui, c'est l'unique moyen de les perfectionner & de les entretenir. Autrement l'homme s'abâtardiroit & croupiroit dans l'oisiveté & dans l'ignorance.

SOCRATE.

Si vous étiez donc le dispensateur du chagrin & du plaisir, à quoi l'attacheriez-vous pour exciter l'homme à chercher son vrai bien ?

EVAGORAS.

Je ne voudrois pas qu'il outrât les travaux de l'esprit non plus que ceux du corps ; mais je ferois ensorte qu'un exercice modéré de toutes ses facultés fût pour

pour lui une ſource d'agrémens.

SOCRATE.

Eh bien, ce juſte milieu que vous trouvez ſi convenable, eſt préciſément celui qu'a pris le ſage Auteur de notre être. Il a mis en nous le ſentiment comme un reſſort ou un attrait pour nous porter à exercer nos forces, tant de corps que d'eſprit, jufqu'à un certain point; c'eſt-à-dire, aſſez pour remplir notre tâche, pour nous conſerver & nous perfectionner, mais pas aſſez pour uſer & détruire une conſtitution délicate comme la nôtre. Quand l'exercice eſt immodéré, nous en ſommes avertis par un ſentiment incommode de laſſitude & de fatigue. Reſtons-nous dans l'inaction, nous sommes excités à en sortir par un sentiment d'ennui & de langueur.

EVAGORAS.

On dit en effet que l'esprit est comme une flamme active, à laquelle il faut toûjours fournir quelque aliment. Ainsi la reflexion, la lecture, les affaires, les arts, les sciences, en un mot, l'occupation est la vie de l'ame. Ne point penser, c'est une sorte de létargie ; penser peu & foiblement, c'est un sommeil.

SOCRATE.

N'avez-vous pas éprouvé, mon cher Evagoras, que l'esprit n'est jamais plus content, que quand il est fort occupé d'un objet ; & que tout ce qui attache, ce qui remue, ce qui captive l'attention, donne à l'ame un plaisir sans comparaison plus vif, que les babioles & les riens dont s'amuse un esprit foible & superficiel ?

EVAGORAS.

Je l'avoue ; cependant on voit des gens qui paroissent se divertir le mieux en ne s'appliquant à rien, en ne faisant que voltiger de côté & d'autre sans attention & sans but.

SOCRATE.

Point du tout, Evagoras, ces gens-là ne s'accommodent de ces sortes d'amuseme s que par l'incapacité d'en goûter de meilleurs. Leur genre de vie ne les satisfait point, mais ils n'ont pas l'esprit l'esprit d'en mener une autre. Leur ame vuide & désœuvrée ne sait que languir, le tems leur paroît long, ils cherchent à le tuer, l'ennui les possede ; que font-ils pour le dissiper ? ils promenent leur inquiétude.

EVAGORAS.

Mais si leur genre de vie ne leur plaisoit pas, ils en prendroient un autre.

SOCRATE.

Ils le voudroient quelquefois ; mais la difficulté qu'ils y trouvent, faute d'y être accoûtumés, les rebute, & la foiblesse même qu'ils ont contractée les empêche de le voûloir fortement. Ils restent ainsi dans l'inaction par paresse & par incapacité, quoi-

qu'ils

qu'ils ſentent bien que cet état n'eſt pas le meilleur. Ils ſe trouvent mal, ſans avoir ni la force ni le courage de ſe mettre mieux.

EVAGORAS.

Il eſt donc bien dangereux de laiſſer engourdir ſes facultés dans la jeuneſſe. Oh, que je vais bien aiguillonner mon ami ! Je veux lui faire peur d'une choſe.

SOCRATE.

Eh de quoi ?

EVAGORAS.

Pythagore nous a apporté des Indes une doctrine qui a bien ſes partiſans en Grece. Je parle de la métempſycoſe : notre ame doit paſſer, dit-on, dans le corps de l'animal avec qui nous avons le plus de reſſemblance. Je prédi-

rai

rai à Anaifthéte qu'infailliblement il fera changé en huître ; cela ne peut pas lui manquer, & voyez le beau plaifir d'être enfermé dans une écaille fans aucun mouvement.

SOCRATE.

Une pareille métamorphofe feroit auffi jufte que celle de Lycaon. Mais faites plus pour votre ami ; ne lui faites pas feulement honte de fa nonchalance, indiquez-lui-en le remede.

EVAGORAS.

C'eft juftement ce que j'attens du Medecin que je fuis venu confulter.

SOCRATE.

A dire vrai, il ne feroit pas facile de réveiller un homme affoupi ſoupi depuis long-tems, ni d'animer des gens qui auroient vieilli dans l'indolence ; mais pour votre ami qui eſt jeune, ce n'eſt pas un mal incurable.

EVAGORAS.

Que faut-il donc lui dire ?

SOCRATE.

La premiere attention qu'il doit avoir, regarde le corps ; qu'il garde bien de trop manger ou de trop boire, d'être long-tems à table & long-tems au lit. Tout ce qui appeſantit le corps, influe également ſur l'eſprit ; au lieu que le mouvement & la ſobriété éveillent nos ſens, & en aiguiſent, pour ainſi dire, la pointe.

EVAGORAS.

Et pour la direction de l'eſprit, quel

quel conseil lui donneriez-vous ?

SOCRATE.

Il faut piquer d'émulation un paresseux, en lui proposant des exemples d'honneur, en l'associant à des esprits plus actifs, en le louant de ses efforts, en attachant du désagrement à l'inaction, & des plaisirs à l'application ; en un mot, il faut remuer, pour ainsi dire, toutes les cordes de l'ame qui donnent quelque sensibilité pour l'estime & pour la gloire.

EVAGORAS.

Il faut, je crois, se garder d'exiger d'un pareil génie trop de travail à la fois, & de le trop presser dans ses travaux.

SOCRATE.

Oui, d'autant plus que ce qu'on appelle indolence, n'eſt ſouvent que lenteur d'eſprit : Or, un eſprit lent peut être fort bon ; mais il faut l'attendre, il faut le mener par degrés. Il ne courra pas, il avancera pourtant, & pour peu qu'il faſſe de progrès dans les commencemens, il ſe mettra en train d'en faire davantage. Il lui faut plus de tems qu'à un autre ; encore une fois, il s'agit de l'animer ſans le rebuter.

EVAGORAS.

Vous ne voulez pourtant pas que la liberté qu'on lui accorde, aille juſqu'à l'abandonner à lui-même ?

SOCRATE.

A Dieu ne plaiſe, il ſeroit perdu ſi cela arrivoit, car il ſe plongeroit dans la fainéantiſe, & deviendroit une huître, encore plutôt que vous l'en ménaciez. Il faut le tenir toûjours dans une action mêlée de récréation. La vie active eſt une ſuite de plaiſirs diverſifiés; il y a des plaiſirs d'étude, plaiſirs de travail, plaiſirs de ſpectacle, de promenade, de converſation. L'état qui nous convient n'eſt pas de ne rien faire, ce ſeroit le partage des imbécilles & des ſots; mais c'eſt de varier ſes occupations en les dirigeant à ſon but, & les proportionnant à ſon âge & à ſes forces. Par-là elles ſeront toutes auſſi agréables

agréables qu'utiles. Voilà, mon cher Evagoras, une œconomie qu'il faut entendre pour passer sa vie heureusement.

VIII. DIALOGUE.

SUR L'HUMEUR.

EVAGORAS, SOCRATE.

EVAGORAS.

VOus n'êtes pas le ſeul qui ramaſſiez des papiers, Socrate; en voilà un que je trouve auſſi dans mon chemin.

SOCRATE.

Que renferme-t-il, Evagoras?

EVAGORAS.

Des bagatelles, au lieu que le vôtre contenoit une fixion également instructive & ingénieuse; mais la raison de cette différence n'est pas mal-aisée à deviner. Vous étiez vous-même l'Auteur de l'écrit que vous feignîtes de trouver, au lieu qu'on ne sait de qui vient ce chiffon.

SOCRATE.

Voyons pourtant ce que c'est?

EVAGORAS.

Ce n'est qu'un morceau de scene comique, & même de bas comique; sans doute quelqu'un de nos Auteurs qui travaillent pour le théatre, & qui viennent rêver ici, l'aura laissé tomber de sa poche.

SOCRATE.

Quoi qu'il soit, lisez.

EVAGORAS.

Les deux Interlocuteurs ſont Cacothyme & ſon Eſclave Davus.

CACOTHYME (voyant venir Davus.)

Je ſuis fort content de ce garçon-là ; il eſt adroit, il eſt intelligent & ſoigneux dans tout ce qu'il fait, auſſi n'y trouvera-t-il pas mal ſon compte. En vérité quand on a comme moi d'aimables amis, de bons domeſtiques, un bien honnête & des amuſemens continuels, il y a de quoi être content. Te voilà, Davus, as-tu déja fait ton meſſage ?

DAVUS.

DAVUS.

Oui, Monsieur, mais la course que vous vouliez faire sur le chemin d'Eleusis ne se fera pas.*

CACOTHYME.

Que m'annonce-tu-là Davus ?

DAVUS.

Je dis. Monsieur, que le char d'Antiphon est rompu, & qu'il ne pourra point vous mener à cette promenade.

CACOTHYME.

Quel contre-tems ! pourquoi laisser rompre ce char ? Que n'y prenoit-on garde ? du moins il le falloit

---

* On imite ici nos meilleurs Traducteurs qui ont cru devoir substituer le mot de *vous* & de *Monsieur* aux termes dont se servoient les anciens.

falloit faire réparer ſur le champ. Voyez les ſots amis que j'ai : on compte ſur eux, & ils vous manquent tout d'un coup. Il faut rompre avec ces gens-là ; ce ſont des négligences continuelles : me voilà bien avancé : que faire aujourd'hui & que devenir?

DAVUS (tout bas.)

Qui croiroit que ſi peu de pouſſiere excitât un ſi gros tourbillon? (haut) *Monſieur, voulez-vous que....*

CACOTHYME.

Non.

DAVUS.

J'irai ſi vous le ſouhaitez....

CACOTHYME.

Tais-toi, maraud. Ceci n'arriveroit pas ſi tu étois allé plus matin chez Antiphon.

DAVUS.

DAVUS.

J'y suis allé, Monsieur, aussitôt que vous me l'avez dit.

CACOTHYME.

Il falloit y aller plutôt. C'est une pitié de voir comme l'on est servi aujourd'hui; ces gens-là ne devinent rien, ne pensent à rien.

DAVUS.

Monsieur, le tems est beau, il ne tiendroit qu'à vous de....

CACOTHYME.

Le tems est beau! grand sot! Ne vois-tu pas qu'il s'eleve un vent qui va nous amener infailliblement de la pluie.

DAVUS.

Si cela est; Monsieur, vous ne devez pas avoir de regret à la partie que vous manquez.

CACOT.

CACOTHYME.

Ah ! tu veux raisonner ! Je te donnerai sur les oreilles. Va-t-en chez ....

DAVUS.

Chez qui ?

CACOTHYME.

Non, attends, je ne sais ....

DAVUS (bas en s'éloignant.)

Il faut en vérité bien peu de chose pour démonter ces gens accoûtumés à faire toutes leurs volontés. Ah ! que je voudrois bien les voir à notre place seulement pour huit jours. Ils sentiroient ce que c'est que d'être assujetti aux fantaisies d'autrui. Mais si nous sommes à plaindre, ils ne le sont pas moins, je les trouve en vérité aussi esclaves que nous. Ils dépendent de leurs capri-

ces & ſont dominés par leur humeur : ce ſont les plus mauvais maîtres qu'on puiſſe avoir.

SOCRATE.

Vous vous arrêtez, Evagoras ; eſt-ce-là tout.

EVAGORAS.

Oui, mon papier finit-là , & il me ſemble qu'en effet la ſcene eſt achevée. Qu'en penſez-vous, Socrate ?

SOCRATE.

Il me ſemble d'y voir un portrait aſſez bien tracé, c'eſt celui d'un jeune homme qui a de l'humeur & des emportemens ; on pourroit y joindre d'autres traits pour achever le tableau.

EVAG.

EVAGORAS.

Et quels traits, je vous prie?

SOCRATE.

Je connois un jeune homme qui non-feulement, quand une partie de plaisir lui manque, se met à gronder. Il le fait en général quand il voit ses plans dérangés, quand il n'obtient pas ce qu'il souhaite, quand il ne réussit pas du premier coup à ce qu'il entreprend avec nonchalance, quand on ne l'entend pas à demi mot, quoique parlant très-bas & très-indistinctement, quand il est fatigué pour s'être donné trop de mouvement ou ennuié par l'oisiveté, souvent enfin sans savoir pourquoi, alors il ne fait pas bon l'approcher; il boude, prend tout de travers, a l'air & les manieres mauſſades, & vous bruſquera pour le moindre ſujet.

EVAGORAS.

Vous faites-là le portrait d'un homme haïſſable & malheureux. Cet homme doit être généralement d'un tempéramment triſte.

SOCRATE.

Non, c'eſt le portrait d'un homme qui eſt peut-être à l'ordinaire aſſez gai & agréable, & qui prend ſeulement de la mauvaiſe humeur dans de certains momens, comme ceux dont j'ai parlé. Peu de choſe le trouble & le déconcerte.

EVAGORAS.

Vous parlez donc d'une tête chaude que la moindre cauſe irrite & met en feu?

Soc.

SOCRATE.

Ce n'eſt pas cela non plus : Mon homme eſt en général d'un caractere doux ; mais au lieu de ſe fâcher en grand, il ſe fâche en petit. Au lieu d'un accès de colere il a cent petits mouvemens d'impatience, d'humeur & d'emportement, & c'eſt la valeur d'un accès de colere diſtribué en détail ; mais au fond l'un eſt bien l'équivalent de l'autre.

EVAGORAS.

Ces ſortes de mouvemens ont-ils le même principe ?

SOCRATE.

Oui, ils proviennent de l'amour propre, de l'attachement à ſa volonté, à ſes goûts & ſurtout aux petites choſes. Nous voudrions que tout nous cédât, que tout s'applanît devant nous, que tout allât à notre gré. S'il survient quelque traverse, la bile s'échauffe, & alors on ne raisonne plus, on parle en homme piqué, c'est-à-dire, presque toûjours en homme sot & injuste.

EVAGORAS.

Où est la sottise dont vous parlez?

SOCRATE.

Dites-moi, Evagoras, en quoi vous faites consister le bon sens?

EVAGORAS.

Le bon sens consiste, je crois, à démêler le vrai du faux & à estimer chaque chose son juste prix.

Soc.

SOCRATE.

Fort bien. Si donc on eſt ému & fâché pour un petit contre-tems comme pour un grand revers, ſi cette indiſpoſition fait qu'on raiſonne mal, ſi par-là on paſſe de mauvais quarts d'heure là où un homme ſage reſteroit de ſens froid, ſi l'on ſéme d'épines un chemin tout uni. Eſt-ce-là, je vous prie, faire uſage de ſa raiſon?

EVAGORAS.

Il eſt vrai que dans la ſcene que nous avons lûe, Cacothyme raiſonne tout de travers; car il exagére les choſes, & ſon imagination lui groſſit ſon chagrin. C'étoit d'abord un homme content, le voilà tout-à-coup de mauvaiſe humeur & emporté pour une bagatelle. A dire vrai cela eſt ſot & petit. Mais au moins, Socrate, il ne fait tort qu'à lui-même ; pourquoi donc le taxiez-vous encore d'injuſtice ?

SOCRATE.

Cacothyme avoit-il raiſon de ſe plaindre de ſes amis & de bruſquer ſon Valet.

EVAGORAS.

Non, mais ce ne ſont-là que des paroles ; il ne leur fait aucun tort réel, & après tout ce petit nuage paſſe.

SOCRATE.

Oui, mais ces paroles offenſent & ne s'oublient jamais. Qui eſt-ce de nous qui voudroit être expoſé à de pareilles boutades ?

Celui

Celui qui ſe les permet à ſoi-même, eſt fort choqué quand il les eſſuie de la part des autres.

EVAGORAS.

Mais on ne peut pas toûjours s'obſerver ni ſe gêner, ſur-tout avec des gens familiers, & qui dépendent de nous.

SOCRATE.

Pour qui penſe bien, ce n'eſt point ſe gêner que d'être doux, équitable & raiſonnable. L'équité eſt dûe à tout le monde, & nous nous devons à nous-mêmes de reſpecter toûjours la raiſon. Eſt-il honorable pour un Maître que ſon Valet joüe un plus beau rôle que lui ?

EVAGORAS.

Que voulez-vous dire, Socrate ?

SOCRATE.

Oui, ſi pendant qu'un Maître ſe permet d'être bruſque, fantaſque, impatient, le rôle de Valet doit être de ſe montrer doux, retenu, modéré, lequel des deux, à votre avis, fait voir le plus de jugement ?

EVAGORAS.

J'avoue que c'eſt le dernier.

SOCRATE.

Si donc nous voulons que nos inférieurs ſoient ſi raiſonnables, il faut l'être nous-mêmes. Voudrions-nous leur céder ? S'ils étoient plus parfaits que nous, ils mériteroient de tenir notre place.

EVAGORAS.

Je vois bien que c'eſt un plus

grand

grand défaut que je ne croyois de se laisser aller à son humeur.

SOCRATE.

Oui, Evagoras, & beaucoup plus qu'on ne le croit communément : on se dit bien qu'il faut être en garde contre les vices ; un honnête homme ne se permettra point de grands écarts ; mais certaines gens ne s'observent pas assez du côté de l'humeur ; ils croient que c'est une chose de petite conséquence. Cependant ces petites choses décident de l'amitié ou de la haine que nous inspirons à nos égaux, de l'attachement ou de l'aversion que prennent pour nous nos inférieurs, des bons & de mauvais momens que nous passons dans la vie. Ces petites choſes reviennent tous les jours, & ce ſont elles qui troublent le plus la douceur de la vie. Hélas ! qui en peut mieux parler que moi ? Prenez-y garde, Evagoras, quand il s'agira de faire le choix d'une épouſe. On demande pour l'ordinaire, *eſt-elle belle, ſage, riche, noble ?* Ayez ſoin de demander encore, a-t-elle de l'humeur ? C'eſt, je vous aſſûre, un point eſſentiel. On ne doit pas manquer de faire la même queſtion en choiſiſſant un ami, ou en ſe donnant un maître.

EVAGORAS.

Je m'en ſouviendrai, Socrate, en tems & lieu. Mais dites moi pourquoi l'on voit les grands Seigneurs

Seigneurs & les gens riches être plus dominés que les autres par leur humeur & plus portés à l'impatience ?

SOCRATE.

J'en vois deux caufes, l'une qu'ils tiennent à trop de chofes extérieures & fragiles, qui dès qu'elles viennent à leur manquer, font pour eux une fource de chagrin. Figurez-vous un homme tout entourré de verres & de miroirs artiftement rangés. Il ne fauroit prefque faire un pas fans quelque accident ; & de la maniere que l'homme eft fait, il fe fâche autant pour les petites chofes que pour les grandes. Il eft donc très-important de ne point dépendre de tant de fuperfluités cafuelles, casuelles, de ne pas s'attacher aux petites choses, & de chercher son contentement dans des biens réels, faciles à acquérir, & peu sujets à nous manquer ?

EVAGORAS.

Oui, par exemple, si Cacothyme avoit été accoûtumé à l'occupation & à la lecture, s'il eût sû se contenter d'une promenade à pied, & se passer de compagnie, il n'auroit pas été si fâché de voir sa partie de plaisir rompue, & son humeur n'en auroit pas été altérée. Plus on trouve de ressource en soi-même, moins on est frappé des contretems qui surviennent.

SOCRATE.

Voilà une très-bonne philosophie,

phie, Evagoras, anobliſſons nos goûts, reſſerrons nos beſoins, accoûtumons-nous à la vie ſimple & arrêtons-nous à ces plaiſirs naturels qui ſe trouvent aiſément dans un exercice raiſonnable de nos facultés, ſoit du corps ſoit de l'eſprit. C'eſt le vrai ſecret pour dépendre peu des autres & des accidens, & pour acquérir cette ſérénité d'ame qui fait notre bonheur & le bonheur d'autrui.

EVAGORAS.

Vous parliez d'une autre cauſe de l'humeur.

SOCRATE.

Oui, c'eſt l'orgueil ou l'amour propre, qui croit ne devoir ſe gêner pour perſonne & qui fait

que

que s'attachant trop à ses desirs & à ses propres volontés, on ne peut rien souffrir qui les traverse. Voyez un enfant gâté; il est si accoûtumé à être satisfait & prévenu dans toutes ses fantaisies, qu'il pleure & crie au moindre refus. Il en est de même de ceux que leur fortune met en état de suivre tous leurs goûts, & qui sont entourés de gens qui les flattent: dès qu'une chose ne va pas à leur gré, leur fiere délicatesse en est blessée; les voilà qui s'irritent, ou s'ils n'osent pas s'emporter ouvertement pour de légers sujets, ils grondent tout bas; & malheur à ceux sur qui leur bile peut s'épancher impunément.

EVAG.

EVAGORAS.

Ainſi Davus n'avoit pas tort de ſouhaiter que ces petits Meſſieurs fuſſent eſclaves ſeulement pour huit jours. Ils apprendroient à faire plier leur volonté, à n'avoir pas de fantaiſies.

SOCRATE.

Ce feroit en effet le vrai remede. Mais comme ce changement de condition n'arrivera pas ſitôt, je conſeille à chacun de tirer de ſa propre raiſon tout le ſecours poſſible pour ſe rendre l'humeur égale & douce.

EVAGORAS.

Et à quoi, je vous prie, réduiriez-vous les conſeils de la raiſon ſur ce point ?

SOCRATE.

D'abord je voudrois que l'on fît souvent des réfléxions pareilles aux nôtres sur l'injustice, le ridicule & les inconvéniens de la mauvaise humeur ; on auroit sûrement quelque honte d'y tomber.

EVAGORAS.

Mais souvent il arrive qu'on remarque fort bien ce défaut chez les autres, sans le sentir chez soi.

SOCRATE.

Cela est vrai ; mais avec un peu de réfléxion, il n'est pourtant pas difficile de s'appercevoir si l'on parle ou si l'on agit par humeur. Une exagération, un emportement, un refus d'écouter des raisons, sont, ce me semble,

ble, des marques bien sûres que notre esprit n'est pas dans son assiette naturelle ; & tandis qu'on est jeune & que l'esprit est flexible, on est sûr, si l'on veut, de ce corriger de ce défaut.

EVAGORAS.

Un fidele ami ne pourroit-il pas nous aider à nous mieux connoître ?

SOCRATE.

Ce seroit sans doute, un des meilleurs offices, qu'un ami pût nous rendre. Défions-nous de nous-mêmes, & regardons-nous avec les yeux d'autrui ; c'est l'unique moyen de nous juger sans prévention.

EVAGORAS.

N'est-il point dangereux, pour

le défaut dont nous parlons de vivre trop avec des ſubalternes?

SOCRATE.

Sans doute, des ſubalternes ſont trop complaiſans pour nous & ſupportent trop nos caprices. Il vaut mieux vivre avec des ſupérieurs ou des égaux qui ne nous cédent pas ſi aiſément; on s'obſerve avec eux; & à force de céder à la volonté d'autrui, la nôtre perd de ſa roideur & devient plus ſouple. Il eſt bon auſſi pour un homme ſujet à l'humeur de n'être pas beaucoup ſeul & oiſif, par la même raiſon qu'avec ſoi-même on ne ſe gêne pas, & parce qu'étant oiſif on rêve creux.

EVAGORAS.

Ne feroit-il pas utile auffi, Socrate, de nous priver quelquefois des chofes que nous defirons le plus, & de rompre volontairement des plans que nous avons formés.

SOCRATE.

Oh! mon cher Evagoras, vous êtes un vrai Spartiate, vous vous entendez à merveille à difcipliner l'homme; c'eft par-là en effet que l'on parvient à dompter peu-à-peu fes paffions, à tempérer fon humeur, & à en réprimer les faillies. C'eft ainfi qu'on devient véritablement grand & libre, & qu'en

régnant

régnant ſur ſoi - même, on ſe rend digne de régner ſur les autres.

FIN.

BIBLIOTHEQUE NATIONALE DE FRANCE
3 7531 01965727 0

www.ingramcontent.com/pod-product-compliance
Ingram Content Group UK Ltd.
Pitfield, Milton Keynes, MK11 3LW, UK
UKHW012200240726
13966UKWH00002B/469